我们从哪里来？我们走向何方？中国到了今天，我无时无刻不提醒自己，要有这样一种历史感。

——习近平

摘自习近平总书记在北京会见第二届“读懂中国”国际会议外方代表时的谈话（《人民日报》2016 年 1 月 5 日）

读懂中国

读懂中国丛书

读懂中国丛书

中流击水：
经济全球化大潮与中国之命运

郑必坚 著

CIPG | China Foreign Languages Publishing Administration
中国外文出版发行事业局
外文出版社
FOREIGN LANGUAGES PRESS

总　序

郑必坚

读者面前的这套丛书，有一个总题目，叫作：读懂中国。

为什么要提出“读懂中国”的问题呢？

你看，当今世界发生的变化，可谓天翻地覆，令人目不暇接。最大的变化，莫过于中国。

从20世纪中叶新中国成立以来，特别是最近这40年时间，就使一个多达十三亿多人口的贫穷落后的东方大国，实现了跨越式大发展，迅速成为世界第二大经济体。

人们自然会问：在中国，究竟发生了什么事情？中国快速发展的奥秘究竟是什么？

人们自然也会问：一个正在强起来的中国，和世界怎么相处？

于是乎，问题套问题，疑虑叠疑虑，“中国威胁论”“中国崩溃论”，“修昔底德陷阱”“中等收入陷阱”，这“论”那“论”，这“陷阱”那“陷阱”，纷纷指向中国。

毫无疑问，中国人应当坚定不移地走自己的路，把自己的事情办好。而这本身就包含着，为了回答人们的关切、问题和疑虑，必须做好一件事："读懂中国"。

为此，由我主持的国家创新和发展战略研究会发起，联合中国人民外交学会，和国际知名智库"21世纪理事会"合作，在2013年11月和2015年11月先后举办了两届"读懂中国"国际会议。

这两次重要的国际会议，得到了中共中央总书记、国家主席习近平的重视和支持，亲自到会同与会外国嘉宾座谈。国务院总理李克强和副总理张高丽分别出席了第一届和第二届会议，并在会上作了开幕演讲。中共中央和国务院许多部门的领导同志，也到会同来自世界各国的政要和专家学者进行面对面的交流，回答大家提出的问题。

会议取得的成功，给我们的最大启示是：只要直面问题，只要心诚意真，只要实事求是且生动具体地讲好中国故事，讲好中国共产党的故事，讲好中国和世界相处的故事，将大有利于关心中国的人获得新知，怀疑中国的人逐步释惑。

为此，我们设想，把"读懂中国"的国际会议搬到书本上，搬到视频上，搬到网络上，在更大的场合，用更加生动的形式，回答人们的关切、问题和疑虑。

这一设想，不仅得到了有关部门的大力支持，不仅得到了中国外文局和外文出版社的大力支持，而且得到了一批对这些问题有亲身实践经验和较深研究的专家学者和领导同志的大力支持，为丛书撰稿。

这就是读者面前这套丛书的由来。现在编辑出版的还只是这套丛书的第一辑，以后还会有第二辑、第三辑以至更多的好书问世；现在这一辑主要是中国作者的作品，以后还会有其他国家作者的作品。

不仅是丛书，以后还会有配套的电视专题片和网络视频，陆陆续续奉献给大家。

在我们看来，“读懂中国”，包括“读懂中国共产党”、“读懂中国和世界的关系”，是一个宏大的事业。

让我们共同以极大的热情，来关注这一事业、参与这一事业！

2018 年 3 月

目　录

2013 年 11 月 1 日第一届“读懂中国”国际会议开幕晚宴。

2013 年 11 月 2 日郑必坚在第一届“读懂中国”国际会议会场。

2015 年 11 月 1 日第二届“读懂中国”国际会议开幕式会场。

2015 年 11 月 1 日郑必坚在第二届“读懂中国”国际会议开幕晚宴上致辞。

前　言

“世界怎么了，我们怎么办？”当今世界，“百年未有之大变局”及其带来的种种困惑，对世界是一个挑战，对快速发展中的中国也是一个挑战。而面对时代大潮，能够敏锐把握潮流，敢于“到中流击水”引领社会进步，正是中国共产党的光荣传统。不久前召开的党的十九大，习近平总书记科学地分析了今天世界面临的挑战和机遇，提出中国应为人类作出新的更大贡献，与此同时，要求我们深化理论研究和建设，加快构建中国特色哲学社会科学。作为党的理论工作者，我们理所当然要投身这个事业。从我多年集注的角度，感到当前重大理论和战略问题之一，就是从国际国内两个大局出发，以习近平新时代中国特色社会主义思想为指导，深入研究经济全球化大潮和中国和平发展道路，并从而进一步构建我们中国自己的发展理论和国际关系理论。

一、从哲学社会科学工作座谈会说起

2016 年 5 月 17 日上午，我出席了中共中央总书记、国家主席、中央军委主席习近平主持召开的哲学社会科学工作座谈会，聆听了他在会上发表的重要讲话。

党的十八大以来，为加强和改进宣传思想文化工作和理论研究工作，党中央已经先后召开了全国宣传思想工作会议、文艺工作座谈会、党的新闻舆论工作座谈会、网络安全和信息化工作座谈会等会议，习近平总书记在这些会议上都作了重要讲话。他说，召开这些会议，目的是听听各方面意见，大家一起分析形势、沟通思想、凝聚共识、谋划未来。这次哲学社会科学工作座谈会，参加者有德高望重的老专家，有成果丰硕的学术带头人，也有崭露头角的后起之秀，包括中央马克思主义理论研究和建设工程的咨询委员或首席专家、国家高端智库代表，还有在校的博士生、硕士生、本科生，以及有关部门负责同志。这样层次的哲学社会科学座谈会，在我的印象中，是中国改革开放以来第一次。我是作为老专家和中央马克思主义理论研究和建设工程咨询委员的身份参加这次会议的。

我们知道，哲学社会科学是人们认识世界、改造世界的重要工具，是推动历史发展和社会进步的重要力量，其发展水平反映了一个民族的思维能力、精神品格、文明素质，从一个重要侧面体现了国家的综合国力和国际竞争力。习近平总书记历来十分重视哲学社会科学，他不仅多次主持中共中央政治局集体学习哲学和经济学、法学等社会科学，而且召开这样的座谈会，以冀推动整个国家的哲学社会科学发展。这显然是他治国理政，实现中华民族伟大复兴的一个重大决策。

习近平总书记的讲话很有感染力，强调观察当代中国哲学社会科学，需要有一个宽广的视角，需要放到世界和我国发展大历史中去看。他指出，人类社会每一次重大跃进，人类文明每一次重大发展，都离不开哲学社会科学的知识变革和思想先导。中华文明历史悠久，从先秦子学、两汉经学、魏晋玄学，到隋唐佛学、儒释道合流、宋明理学，经历了数个学术思想繁荣时期。在漫漫历史长河中，中华民族产生了儒、释、道、墨、名、法、阴阳、农、杂、兵等各家学说，涌现了老子、孔子、庄子、孟子、荀子、韩非子、董仲舒、王充、何晏、王弼、韩愈、周敦颐、张载、程颢、程颐、朱熹、陆九渊、王守仁、李贽、黄宗羲、顾炎武、王夫之、康有为、梁启超、孙中山、鲁迅①等一大批思想大家，留下了浩如烟海的文化遗产。中国古代大量鸿篇巨制中包含着丰富的哲学社会科学内容、治国理政智慧，为古人认识世界、改造世界提供了重要依据，也为中华文明提供了重要内容，为人类文明作出了重大贡献。当他强调“一个没有发达的自然科学的国家不可能走在世界前列，一个没有繁荣的哲学社会科学的国家也不可能走在世界前列”时，在场的每一位专家学者都感受到了自己身上肩负的时代使命和历史责任。

就是在这次座谈会上，习近平总书记郑重提出了“加快构建

① 以上为中国历史上的思想家，他们的生卒年除老子不详之外，其他人分别为：孔子（前551-前479），庄子（前369-前286），孟子（约前372-前289），荀子（约前313-前238），韩非子（约前280-前233），董仲舒（前179-前104），王充（27-约97），何晏（?-249），王弼（226-249），韩愈（768-824），周敦颐（1017-1073），张载（1020-1077），程颢（1032-1085），程颐（1033-1107），朱熹（1130-1200），陆九渊（1139-1193），王守仁（1472-1529），李贽（1527-1602），黄宗羲（1610-1695），顾炎武（1613-1682），王夫之（1619-1692），康有为（1858-1927），梁启超（1873-1929），鲁迅（1881-1936）。

中国特色哲学社会科学”的任务。他强调说，哲学社会科学的特色、风格、气派，是发展到一定阶段的产物，是成熟的标志，是实力的象征，也是自信的体现。我国是哲学社会科学大国，研究队伍、论文数量、政府投入等在世界上都是排在前面的，但目前在学术命题、学术思想、学术观点、学术标准、学术话语上的能力和水平同我国综合国力和国际地位还不太相称。要按照立足中国、借鉴国外，挖掘历史、把握当代，关怀人类、面向未来的思路，着力构建中国特色哲学社会科学，在指导思想、学科体系、学术体系、话语体系等方面充分体现中国特色、中国风格、中国气派。

那么，中国特色哲学社会科学应该具有什么特点呢？他认为，第一，要体现继承性、民族性；第二，要体现原创性、时代性；第三，要体现系统性、专业性。确实，构建中国特色哲学社会科学，要善于融通古今中外各种资源，特别是要把握好马克思主义的资源、中华优秀传统文化的资源、国外哲学社会科学的资源。也就是要坚持不忘本来、吸收外来、面向未来。既向内看，深入研究关系国计民生的重大课题，又向外看，积极探索关系人类前途命运的重大问题；既向前看，准确判断中国特色社会主义发展趋势，又向后看，善于继承和弘扬中华优秀传统文化精华。

我深切感到，习近平总书记的讲话，方向明确，切中时弊，点到实质，确实是一篇“加快构建中国特色社会主义哲学社会科学”的纲领性讲话。而且从实际情况衡量，也确实到了构建中国特色社会主义哲学社会科学的时候了。

二、以搞清楚“从哪里来，到哪里去”为主线构建中国特色哲学社会科学

就在这次哲学社会科学工作座谈会结束的时候，习近平总书记问我：“你现在在忙什么？”我说：“在第二届‘读懂中国’国际会议[①]上，你在同外方政要和专家学者座谈时，讲到‘读懂中国’是向世界介绍中国的一个很好的平台。你还说：‘我们从哪里来，我们走向何方？中国到了今天，我无时无刻不提醒自己，要有这样一种历史感。’我感到你的这些话很重要，正组织各方面专家学者编写一套‘读懂中国’丛书，还要拍摄相关的电视片，更好地向世界介绍中国。”习近平总书记听了我的简要汇报，表示赞同。

现在我之所以要在本书“前言”里突出强调习近平总书记说的“从哪里来，到哪里去”，是因为我认为这正是我们“读懂中

① “读懂中国”国际会议由中国国家创新与发展战略研究会、中国人民外交学会及国际著名智库21世纪理事会等联合举办。第一、第二届会议分别于2013年、2015年在北京召开，每届均有40多位外国前政要与会。与会外宾和中国政府官员、中国人民解放军高级将领、中外企业家以及专家学者，围绕“读懂中国”主题，就新的全球架构、社交媒体及治理、中国经济能否持久繁荣、中国国防政策、中国决策过程、中国人的世界观和国际责任、如何构建全方位的利益共同体等问题，进行坦诚深入的研讨。中共中央总书记、国家主席、中央军委主席习近平在这两届会议上会见了与会外方代表，同他们进行了亲切交谈。习近平认为，会议以“读懂中国”为主题，有助于增进中外相互了解。中国人民正在努力实现“两个一百年”奋斗目标和中华民族伟大复兴的中国梦。中国梦与中国人民追求美好生活的梦想是相连的，也是与各国人民追求和平与发展的美好梦想相通的。要实现中国梦，我们必须坚持走中国特色社会主义道路，这是一条中国人民经过长期艰苦探索后找到的正确道路。中共中央政治局常委、国务院总理李克强，中共中央政治局常委、国务院副总理张高丽分别出席第一届、第二届开幕式并发表开幕演讲。

2010年5月，国家创新与发展战略研究会成立，郑必坚任会长。一批著名政治家、外交家、军事家、经济学家、两院院士、社会活动家等出任高级顾问。国家创新与发展战略研究会旨在围绕创新与发展这两大紧密结合相互促进的时代课题，继续深化中国和平崛起发展道路的探索，在科技创新、经济发展、社会治理、文化建设、国际战略等领域开展研究，并与国内外有关政府部门、著名高校、研究机构和产业界进行合作研究及学术交流，为国家宏观决策及政府政策制定提供相应的智力支持和政策咨询服务。

国”的主线和关键。不是吗？把中国“从哪里来，到哪里去”的问题讲清楚了，不就“读懂中国”了吗？请再看一看2015年11月第二届“读懂中国”国际会议上，习近平总书记是怎样向外国政要和专家学者谈到这一点的吧。他当时说：“伫立在天安门广场的人民英雄纪念碑有一组浮雕，表现的是1840年鸦片战争到1949中国革命胜利的全景图。”“我们一方面缅怀先烈，一方面沿着先烈的足迹向前走，我们提出了中国梦，它的最大公约数就是中华民族伟大复兴。”① 随后他针对外国政要和专家学者提出的问题，阐述了我们今天党中央的政策。事情正是这样，把今天中国面临的任务同历史上中国提出的问题结合起来，才能真正讲清楚中国今天的发展战略和政策举措。实际上，习近平总书记不止一次提出“从哪里来，到哪里去”这个问题。还在2014年5月4日，他在同北大师生座谈社会主义核心价值观问题时，就已经说过：“一个民族、一个国家，必须知道自己是谁，是从哪里来的，要到哪里去，想明白了、想对了，就要坚定不移朝着目标前进。”②

大家知道，“我是谁，从哪里来的，到哪里去”这个命题，本来是一个古老的哲学命题。哲学家一直在探索三个来源，一是宇宙的来源，二是生命的来源，三是人类的来源。而在讨论人类来源时，提出的问题就是：“我是谁，从哪里来，到哪里去”。多少哲学家为了这个问题，从这个角度那个角度做了长期的探索，提了很多的假设，这是一个本体论的问题。而习近平总书记是政治家，

①《人民日报》2016年1月5日。

② 习近平：《青年要自觉践行社会主义核心价值观》，《习近平谈治国理政》，外文出版社，2014年版，第171页。

他提出问题是要研究中国政治的本体问题，这当然也是非常重要的，而且可以说是更加深刻的问题。他在同北大师生座谈时，讲的主题是要弘扬社会主义核心价值观。但他不是就价值观论价值观，而是从“我是谁，从哪里来的，到哪里去”这个最根本的问题谈起，阐述了我们是中国人，中国人内心都有中华民族的文化基因，潜移默化影响着中国人的思想方式和行为方式，我们要继承和弘扬中华优秀传统文化；与此同时，他强调每个时代都有每个时代的精神，每个时代都有每个时代的价值观念。我们要根据今天的时代要求，在国家层面上倡导“富强、民主、文明、和谐”的价值观念，在社会层面倡导“自由、平等、公正、法治”的价值观念，在个人层面倡导“爱国、敬业、诚信、友善”的价值观念，这样做既体现了社会主义本质要求，继承了中华优秀传统文化，也吸收了世界文明有益成果，体现了时代精神。他的这个讲话又启发我们，研究像社会主义核心价值观这样的问题，研究中国特色社会主义哲学社会科学，也应该以“我是谁，从哪里来，到哪里去”这样一个根本性问题为主线加以思考。只有这样，才能使得我们建构的中国哲学社会科学既体现继承性、民族性，又体现原创性、时代性。

说到这里，我感到还有一个极关重大的问题，就是“读懂中国”必须“读懂中国共产党”。只有“读懂”了中国共产党，才能真正“读懂”今天的中国。正如习近平总书记精辟指出的：“中国共产党的领导是中国特色社会主义最本质特征。”而无论“读懂中国”还是“读懂中国共产党”，都离不开把握“我是谁，从哪里来，到哪里去”。在庆祝中国共产党成立 95 周年的时候，习近平总书记提出“不忘初心，继续前进”；在中国共产党第十九次全国代表大会上，他又提出“不忘初心，牢记使命”。“不忘初心”，就是要牢记“我是谁，从哪里来”；“继续前进”、“牢记使命”，就是要在搞清楚“我是谁，从哪里来”的基础上，进一步明确“到哪里去”。总之，我们落实习近平总书记提出的“加快构建中国特色社会主义哲学社会科学”的宏大任务，这个“我是谁，从哪里来，到哪里去”，是一条不可移易的主线。

不仅仅在研究国内问题时要把握这条主线，研究国际问题也要把握这条主线。比如 2017 年 1 月 18 日，习近平主席在联合国日内瓦总部有个重要的演讲，演讲题目是《共同构建人类命运共同体》。这个演讲举世瞩目，产生了非常深刻的影响。他在演讲一开始就说，当今世界充满不确定性，人们对未来既寄予期待又感到困惑。世界怎么了、我们怎么办？这是整个世界都在思考的问题，也是我一直在思考的问题。这是他的开场白。接着就阐述他的观点了，他说：“我认为，回答这个问题，首先要弄清楚一个最基本的问题，就是我们从哪里来、现在是哪里、将到哪里去？”你看，在这里，依然是把如此广泛复杂的国际问题归结到一个“从哪里来，到哪里去”的问题。他回顾了 100 多年的世界历史，热战冷战，以及冷战过后提出的问题，然后就讲宇宙只有一个地球，人类共有一个家园，我们应该怎么办。由此，他提出了一个解决问题的中国方案。他说：“中国方案就是：构建人类命运共同体，实现共赢共享。”习近平总书记这个重要讲话及其论述问题的方式进一步告诉我们，无论研究国内问题，还是研究国际问题，这个“从哪里来，到哪里去”都是一条主线。

三、作为中国人，我为中国和平崛起自豪

在讨论构建中国特色哲学社会科学的时候，有的朋友问我，“中国和平崛起的发展道路”这个概念是不是你提出的？对此，我从不讳言。因为这是事实，讳言事实没有任何意义。需要指出的是，“中国和平崛起”和“中国和平崛起的发展道路”本来就是一个基于时代大变动而来的客观的事实，我只是强调指出了这个事实。不仅如此，我还为中国的和平崛起，为中国走出了一条和平崛起的发展道路而感到自豪，因为我是中国人。

我的祖籍在中国西南部的四川省。记得听我父亲讲，当 1900 年他们在远离北京的家乡，听到首都北京被八国联军占领时，乡里的父老都抱头痛哭啊！国耻的痛切之情，深深埋在广大的中国人心中。一代又一代中国人，梦寐以求的就是中国的崛起，矢志不渝追求的就是中华民族的伟大复兴。中国人为此从鸦片战争以后奋斗了 109 年，经历了多少代人的艰难战斗，直到中华人民共和国建立。尔后到了 20 世纪 80 年代，世界进入和平和发展为主题的时代，中国在改革开放中加快发展起来。这样的梦想，这样的追求，正在一步步变为现实，而且是在“和平”的道路上即不是通过“战争”走向民族复兴和国家强盛的。这是多么令人振奋的历史性巨变啊！

特别是，我亲身经历了党的十一届三中全会以来中国发生的天翻地覆的历史性巨变，亲耳聆听过邓小平这位改革开放总设计师关于坚持和发展中国特色社会主义道路的真知灼见。我深深体会到，如果没有邓小平关于“和平”和“发展”已经成为时代主

题的科学判断而固守陈旧思维，我们就有可能又一次错过民族复兴的历史机遇，同“和平崛起”失之交臂。邓小平提出和平和发展是时代主题的科学论断，距今已经30多年了。历史证明，邓小平的论断改变了中国，邓小平的论断没有过时。而对于我来说，邓小平的这些科学论断，正是提出“中国和平崛起”和“中国和平崛起的发展道路”的根本前提。

作为中国的哲学社会科学工作者，我们没有任何理由不研究中国是怎样实现如此巨大的历史性变化和历史性进步的，我们没有任何理由不重视邓小平带领我们创造的中国经验并从中概括和提炼中国理论，形成中国特色哲学社会科学。也就是说，面对中国和平崛起的事实，提出研究“中国和平崛起发展道路”，研究这条道路的由来、条件和面临的挑战，正是我们一项不可回避的历史责任。

回顾历史，毫无疑问，中华人民共和国成立和社会主义制度的建立，实现了中国的政治崛起，并从而为中国尔后一切进步打开了大门。而中国和平崛起这样的历史性新“超越”，则主要发生在我国改革开放以后。改革开放是一个伟大的实践，为我们推进理论创新，创造和发展中国特色哲学社会科学，提供了最好的基础和前提。我们所做的一切，我们在科学研究中所取得的重大成果，都得益于这个时代，得益于中国共产党的领导，得益于中国共产党倡导的马克思主义中国化。

在和平和发展成为时代主题的历史条件下，一个重大步骤是中国在改革中建立了社会主义市场经济体制，另一个重大步骤就是以加入WTO为标志的同经济全球化相联系而不是相脱离。加入 WTO 之后的前 10 年，我国国民经济出现了年均 10.6% 持续高增长，国民经济总量也因此迅速扩大。于是当年占领中国首都北京的“八国联军”即 8 个工业化国家，除了美国和早已不存在的奥匈帝国，以及早已超越的俄国，一个接一个被中国超越。2000 至 2002 年，中国经济总量超越了意大利，成为世界第六；2005 年，中国经济总量超过了法国成为世界第五；2006 年又成功实现了对英国的超越，成为世界第四；2007 年，中国经济总量实现了对德国的超越，成为世界第三；接着是 2010 年，中国在经济总量上又超越了日本，成为世界第二（日本曾于 1968 年超越西德成为世界第二）。这部中国“超越史”，就是中国和平崛起史。正是依据这个重大事实，形成了我的一个基本提法：“在和平和发展成为时代主题的条件下，中国在同经济全球化相联系而不是相脱离进程中，独立自主地建设中国特色社会主义。”这就是我对中国社会主义现代化全部历史进程丰富内涵的一个集中概括。

行进在中国和平崛起发展道路上并由此获益的中国人，格外感谢中国改革开放的总设计师邓小平。是他，带领全党解放思想，在拨乱反正中把工作重点转移到现代化建设上来；是他，开辟了中国特色社会主义道路，制定了以“一个中心、两个基本点”为主要内容的基本路线；是他，作出了时代主题由“战争和革命”向“和平和发展”转变的重大判断；是他，指出了新科技革命日新月异发展是中国实现现代化的极好机遇；是他，把对外开放作为我们的基本国策，打开了中国向世界开放的国门；是他，确立了独立自主的和平外交政策，奠定了中国同世界大国、周边国家、发展中国家和平交往以及多边外交的总格局；是他，提出处理国际关系不能以意识形态和社会制度画线，而要找到各个国家之间的共同利益[①]；是他，强调我们建设的中国特色社会主义是不断发展社会生产力的社会主义，是主张和平的社会主义[②]。我们之所以能够打开和平崛起的发展道路，归根到底，就在于有邓小平理论开启的，包括“三个代表”重要思想，科学发展观和习近平新时代中国特色社会主义思想在内的中国特色社会主义理论体系的科学指导。

---

① 1989年11月10日，邓小平在会见基辛格时说："那种按社会制度决定国与国关系的时代过去了。不同社会制度的国家完全可以和平共处，发展友谊，找到共同的利益。中美之间肯定能够找到共同利益。"见《邓小平年谱（1975-1997）》（下），中央文献出版社，2004年版，第1297页。

② 邓小平：《社会主义的中国谁也动摇不了》，《邓小平文选》第3卷，人民出版社，1994年版，第328页。

第一章

问题的提起和我的思考历程

作为一名长期观察和研究中国问题和国际问题的学者，我的全部研究工作的一大特点，就是始终紧密联系于经济全球化来看中国特色社会主义的发展。长期来，我始终集注于经济全球化的走向和命运，集注于经济全球化对中国发展的意义和中国在经济全球化进程中应该采取的对策。

一、时代主题大变动是我全部思考的基础和前提

熟悉中国政治的朋友都知道，中国共产党是中国改革和发展的领导核心。按照中国共产党的党章，党的最高权力机关是党的全国代表大会和由它产生的中央委员会。因此，每次党代表大会和中央委员会全会都要对中国的改革和发展进行决策。与此同时，我们也知道，在中国，广大理论工作者的理论研究特别是对策研究的高潮，也往往集中在党代表大会和中央委员会全会召开前后。这里，我就以党代表大会召开的时间为线索，回忆自己关于经济全球化与中国和平崛起问题的思考历程。

事情要从1987年10月党的十三大召开之后，到1992年10月党的十四大召开之前说起。那时，我先后在国务院国际问题研究中心和中国社会科学院工作。这之前，我在中共中央书记处研究室工作。回想起来，我最早触及这一方面问题，是1988年4月。当时，我在一次国际研讨会上提出："世界正进入一个以全球范围的改革调整浪潮为标志的巨大转折时期。"理由是，一个多极化的世界正在不可逆转地出现，二次大战后形成的大格局难以为继了；在国际经济一系列重大失衡的压力下，不同社会制度各国原有体制和经济结构也难以为继了；新科技革命方兴未艾，更使所有国家面临前所未有的巨大挑战。根据这样的分析，我认为这"将造成二次大战后世界战略大格局的又一次大变动，关系着世界

和每个国家在21世纪的命运。”[①] 与此同时，我认为“当代中国也正经历着空前深刻的社会大变动”。之后我即在一篇题为《大变动，再认识》的文章这样说：“我国这样一个经济文化落后的十亿人口的东方大国，面对20世纪末期和21世纪上半叶的时代发展，要在现代化建设和全面改革中实现中华民族的伟大复兴，这是中国从来未有的、在社会主义基础上的社会大变动。”[②] 我还提请大家注意：“至于说到时代，邓小平曾经精辟地指出，和平与发展是当代世界的两大问题，同时指出了世界范围的‘东西问题’就是和平问题，‘南北问题’就是发展问题。这对于我们科学地认识所处时代具有重要意义。”[③] 实际上，所谓全球范围的改革调整浪潮，集中起来，根本前提就在于时代主题已经转化为邓小平所揭示的“和平”和“发展”。可以说，这就是尔后贯穿我30年全部研究工作的起点。

1988年8月7日，我又在一篇公开发表的文章中系统论述了“世界范围的改革调整浪潮正在兴起”这个重大命题。当时我尽管没有用“经济全球化”这个概念，但讲的就是经济全球化。我认为，这个“正在兴起”的“潮流”，有五大事实根据：一是美苏两个超级大国公开承认由于长期军备而造成了难以承受的经济困难，它们之间的竞争重点将从争夺军事优势转向争夺“综合国力”优势，特别是经济和科技优势。二是美国正在争论的战略问题，包括美国和西方国家的经济结构、产业结构和企业组织结构的改革

---

① 郑必坚：《改革、调整——世界面向二十一世纪的明智抉择》，《郑必坚论集》（上卷），上海人民出版社，2005年版，第78页。

② 郑必坚：《大变动，再认识——关于中国社会主义初级阶段理论研究的深化和拓展》，《郑必坚论集》（上卷），上海人民出版社，2005年版，第87页。

③ 同上，第91页。

和调整，以及为消除阻碍市场运转和经济发展的“行政管理障碍”而进行的管理改革、税收改革和政府开支改革等等。三是“一体化”、“G7”等新动向，标志着世界经济权力的重大转移和重新组合，标志着资本主义正在突破各国自行调整经济的局限，向着逐步加强国际协调的方向发展。四是苏联和东欧大多数社会主义国家为克服僵化体制而努力推进的经济、政治、社会诸方面的改革。五是发展中国家，包括一部分“新兴工业化国家和地区”，以及大批“低收入的发展中国家”，也都在按照各自的需要而进行不同的改革和调整，一个从经济社会发展中争取摆脱贫困的竞赛正在兴起。特别是，我指出“大量事实又表明，在若干重要方面，不同社会制度和不同发展程度各国的改革调整却又实际存在着不容忽视的共同东西，可以而且应当‘求同存异’。”[①]其中一个重大的“共同的东西”，就是在国家工业化、现代化和生产的商品化、社会化进程中，正在出现一个走向更加发达的“跨国经济”。显然，我在这里提到突出地位的世界经济政治“大变动”新情况，就是后来大家都讲的“经济全球化”。与此同时，我又指出不同社会制度、不同经济发展程度各国向着国际协调的方向发展，并不意味着矛盾和竞争的结束，而是一个为争取“综合国力”优势而进行的“大竞赛”——“大战争”的开始。

至于我们中国，我又强调指出，已经进行了10年的改革，恰恰抓住了这一世界范围改革调整潮流的重大机遇，并且已经成为这个世界范围改革调整潮流的重要组成部分。关于这种新动向的

① 郑必坚:《论世界范围的改革调整潮流，兼论科学文化是中华民族伟大复兴极关紧要的因素》,《郑必坚论集》(上卷)，上海人民出版社，2005年版，第108页。

前景，我认为就是邓小平所强调的“和平”和“发展”。当时，我还说：这是“曲折道路上的历史大趋势”。[①]

实际上，还在党的十三大之前及十三大的准备和文件起草工作过程中，我即在“中国社会主义初级阶段”问题和“社会主义市场经济”问题这两方面，作了系统调研和党中央交办的一些工作，在工作中亲身体会到党中央坚持邓小平关于和平和发展这一时代主题的科学判断，正确处理当时发生的一些重大国际关系问题，并且抓住历史机遇，在“社会主义初级阶段”和“社会主义市场经济”的深刻观念基础上，把中国经济和世界经济更加紧密地联系起来，从而大幅度地促进了中国经济的发展。作为党的理论工作者，我是非常高兴的，我对这种中国和世界的天下大势的认识从而也更加坚定。

1992 年党的十四大召开后，我担任中共中央宣传部常务副部长后，主要工作是落实用邓小平建设有中国特色社会主义理论武装全党这一战略任务。1997 年 9 月党的十五大召开前，我调任中共中央党校常务副校长。党的十五大，以把邓小平理论同马克思列宁主义、毛泽东思想一道作为党的指导思想写进党章而载入史册。1997 年 12 月，我在美国肯尼迪学院的演讲中这样说，中国人之所以要纪念邓小平，是因为以他为代表的中国共产党人破天荒第一次在改革开放中，在同经济全球化相联系而不是相脱离的条件下，集中力量进行现代化建设，开辟了前所未有的新局面。

1998 年亚洲金融危机的爆发，使得我对经济全球化“两重性”

---

① 郑必坚:《论世界范围的改革调整潮流，兼论科学文化是中华民族伟大复兴极关紧要的因素》,《郑必坚论集》(上卷)，上海人民出版社，2005 年版，第 112 页。

和中国道路的认识进一大步。我在那时撰文说："我们已经走出了一条在积极参与经济全球化的条件下，独立自主地建设有中国特色社会主义的光明大道"。[①]我在主持党校教学改革，编写面向21世纪的党校干部教材时，也明确指出："现在世界发生大转折，大转折的最深刻根源在经济。""当代世界大转折的内涵：时代主题的转换，新科技革命和新产业革命的兴起，世界市场大发展和世界经济格局大变动，而总趋势则是国际格局多极化和世界新一轮经济全球化。"可以这样说，正是基于亚洲金融危机的教训，我在这里第一次提出了关于"新一轮经济全球化"的展望问题。[②]

至于在这样的国际大变局中，中国如何发展自己，我还进一步明确肯定："十一届三中全会以来20年，中国抓住机遇而没有丧失机遇，走出了一条'在同经济全球化相联系而不是相脱离的进程中，独立自主地建设有中国特色社会主义的全新战略道路'。"我的这个提法，此后一以贯之，从未改变过。

二、十六大后的建言：中国要走出一条史无前例的和平崛起发展道路

2002年11月召开的党的十六大，是中国进入21世纪后召开的第一次党代表大会。这次党代表大会作出了一个重大的决策，

① 郑必坚：《论把握大局和理论武装，兼论亚洲金融危机的重大启示》，《郑必坚论集》（中卷），上海人民出版社，2005年版，第621页。

② 郑必坚：《〈当代世界经济〉的框架设想》，《郑必坚论集》（中卷），上海人民出版社，2005年版，第685-686页。

这就是："紧紧抓住21世纪头20年这一重要战略机遇期，全面建设小康社会"。我参加了这次党代表大会的文件起草工作，深知这是中国实现邓小平提出的现代化建设"三步走"战略的一项重大决策。而要实现这一决策，不仅要处理好国内的改革、发展、稳定这三者的关系，还要处理好经济全球化、世界多极化背景下的综合国力竞争，创造良好的国际环境，进一步扩大对外开放。正是在这样新的历史条件下，"中国和平崛起发展道路"的研究进一步提到重要议事日程上来。

事情原委是这样的。党的十六大开过后，2002年12月，我卸任中共中央党校常务副校长，作为中国改革开放论坛理事长访问美国，向美国朋友介绍十六大。在那里，我直接面对美国一些人关于中国的两类看法。一类是认为中国作为崛起中的大国将不可避免地挑战美国战略利益，必然会对美国形成威胁。另一类则认为中国将同苏联一样，走向崩溃。针对美国朝野诸如此类流行的"中国威胁论"和"中国崩溃论"，我在说明党的十六大精神特别是中国共产党面向21世纪的发展路线时，明确提出："中国将要走出一条同世界近代以来历史上后兴大国崛起进程所走的道路完全不同的，全新的和平崛起的发展道路。"我还特地强调"我们这条道路，既不同于一战时的德国、二战时的德国和日本，那种通过发动侵略战争来重新瓜分世界的道路；也不同于苏联勃列日涅夫时期，那种依靠军事集团和军备竞赛来同美国争夺世界霸权的道路"。[①] 也正是在美国的那几次演讲中，我把多年来所说"在同经

① 郑必坚：《中共十六大和中国和平崛起新道路》，《郑必坚论集》（下卷），上海人民出版社，2005年版，第1122页。

济全球化相联系而不是相脱离的进程中，独立自主地建设有中国特色社会主义的全新战略道路”，明确归纳为“全新的和平崛起的发展道路”或“和平崛起的全新道路”。[①]

我当然感到此事的分量。回国后即在2003年1月初向领导部门呈报了访美情况，并建议尽快组织力量，围绕我国二十几年来开创的在同经济全球化相联系而不是相脱离的进程中，独立自主地建设中国特色社会主义的“和平崛起新道路”问题，展开专题研究，并建议于适当时候举办“经济全球化与当代中国和平崛起新道路”国际研讨会。领导部门十分重视这一建议，1月30日批示赞成就中国的和平崛起道路开展研究，并在适当的时候组织对外交流。

在这之后，我分别组织中央党校和改革开放论坛的有关同志多次召开会议，拜访了有关部门和博鳌亚洲论坛的领导同志，经过认真研究，形成了开展中国和平崛起道路课题研究和对外交流的工作方案，并于2003年7、8月间拟定研究提纲，成立课题研究核心组和子课题组，组织京内外各方面专家学者开展工作。

各个子课题组的同志都很努力，经过四五个月的调查研究，围绕“大国崛起的历史比较”“中国和平崛起的战略道路”“和平与发展为主题的时代观”“中国和平崛起时期的国际战略”“中国崛起在经济实力和综合国力上的表现”“改革开放以来我国的国防发展和军队建设”“中国青年和中国和平崛起新道路”“祖国统一战略和军事问题”“中国崛起对周边国家和世界的影响”“中美

① 郑必坚:《论中美关系的新机遇》,《郑必坚论集》(下卷)，上海人民出版社，2005年版，第1127-1128页。

关系和当代世界发展矛盾全局”“国外知名学者、政要论中国的崛起”等问题，先后提供了翔实的研究报告。在此期间，我主持和参加了一系列研讨会，包括由中央党校学术委员会资深委员组成的课题顾问组会议，等等。与此同时，又根据领导部门意见，以博鳌亚洲论坛为平台，就中国和平崛起道路问题开展国际交流。

博鳌亚洲论坛要求我在2003年年会大会上作一个讲演，同来自各国的政要和专家集中讨论这个问题。10月下旬，我和课题组的同志共同努力，形成了讲演稿。在这个稿子中，我在论述中国虽取得一系列新的重大进步，但仍远未摆脱不发达状态，仍是一个发展中国家且面临一系列大规模发展难题时，讲了两道数学题。我说:“什么叫‘大规模发展难题’？有这样一个比方——两道最简单的数学题：一道乘法，一道除法。乘法题是：无论看似多么小的因而可以忽略的经济和社会发展难点，只要乘以13亿，那就成了一个大规模的，甚至可能是超大规模的问题。”“而除法题是：无论绝对数量多么可观的财力、物力，只要一除以13亿，那就成为相当低的，甚至很低很低的人均水平了。”我所说的“13亿”指的是中国的人口太多，而中国的人口高峰还在后头，大约到2040年前后达到15亿，尔后才会逐渐有所下降。当然，从另一方面来看，如此广大的中国人的劳动力、创新力、购买力等等都调动起来，由此而带来的增长动力则又是一个极大的数量级！中国的发展和崛起，包括困难方面和动力方面，归根到底，都离不开众多的中国人口因素。[①]

① 郑必坚:《中国和平崛起新道路和亚洲的未来》,《郑必坚论集》(下卷)，上海人民出版社，2005年版，第1175页。

11 月 3 日，我在博鳌亚洲论坛年会的大会上发表了这个讲演。博鳌亚洲论坛秘书长龙永图说这个讲演“对整个年会都具有指导意义”。香港凤凰卫视的著名评论家阮次山在会上对我进行了长时间的专访。新华社、《人民日报》、中新社、《中国日报》、中央电视台、香港凤凰卫视、香港亚洲卫视等媒体进行了联合采访。

2005 年 4 月郑必坚与前来参加博鳌亚洲论坛的新加坡前总理李光耀交谈。

博鳌亚洲论坛之行获得了成功。一是使“中国和平崛起道路”这一概念在国内外传播开来，并引起国际社会广泛关注，赢得了话语权；二是系统阐述中国的崛起是和平崛起，中国完全有能力在参与经济全球化进程中依靠国内国际两个市场、两种资源，调动一切积极因素来解决中国的“大规模发展难题”；三是论述了中国和平崛起和亚洲的关系，强调和平崛起中的中国是亚洲和平崛起的一部分，中国将对亚洲国家首先是周边国家的发展、繁荣和稳定，发挥愈益积极有益的作用。

2004年1月，我们对课题启动以来的研究工作和对外交流工作做了总结，在此基础上提出了下阶段工作打算。

根据研究工作方案，2004年3月，课题研究核心组汇总了各个子课题组的研究报告，4月形成了《“中国和平崛起发展道路”课题内部研究报告》。

这份2万2000字的报告，由一个序言、一个结束语和三个部分正文构成。序言首先叙述了课题的由来和进展。第一部分总结了25年来中国开创出一条和平崛起的发展道路，指出新中国宣告成立，中国人从此站立起来，中华民族开始了实现伟大复兴的历史征程，这已经标志着中国在政治上的崛起；而我们现在所说的“中国和平崛起发展道路”，则是特指从20世纪70年代末期党的十一届三中全会所开创，到21世纪中叶中国基本实现现代化，实现中华民族伟大复兴，这样一个“特定历史时段的全方位崛起的战略道路”。这条和平崛起的发展道路，就是“既争取和平的国际环境来发展自己，又以自身的发展来维护世界和平”。其实质，就是在以和平与发展为主题的时代条件下，在同经济全球化相联系而不是相脱离的进程中，独立自主地建设中国特色社会主义，使中国作为维护世界和平的坚定力量实现崛起。第二部分分析了21世纪头20年中国和平崛起的机遇和挑战，提出了“迎接风险和挑战的19项战略问题”，并强调，如果看不到挑战，一厢情愿地把和平崛起看成是一帆风顺、一蹴而就，是完全错误的；反之，如果看不到机遇，特别是看不到风险中孕育着机遇，在困难和压力面前一筹莫展，把天下看成是一片漆黑、一团乱麻，也是要不得的。第三部分论述了中国和平崛起发展道路是马克思主义发展历史上前所未有的“全新战略道路”。结束语论述了“中国和平崛起和中国共产党”，强调中国共产党有信心，有能力，有智慧，有办法领导好中国的和平崛起。

领导部门非常重视这个研究报告，专门开会进行讨论，认为这个研究课题最初是针对国际上的“中国威胁论”和“中国崩溃论”提出来的，实质是要回答中国作为具有 13 亿人口的发展中大国，能否实现民族振兴？怎样实现民族振兴？中国的振兴对世界有何影响？这些问题非常重要，要认真进行研究。同时指出，研究报告有一句话总结得很好，就是中国既争取和平的国际环境来发展自己，又以自身的发展来为维护世界和平作出贡献。

三、中国“和平崛起”面对风险和挑战的 19 项战略问题

如前所说，我们在这个研究报告的第二部分，提出了迎接风险和挑战的“19 项战略问题”。为便于理解事情原委，我把这“19 项战略问题”的主要内容转录如下。

1. 能否始终以改革为动力，保持强劲的发展势头，保证国民经济持续快速协调健康发展。

解决中国一切问题的关键要靠发展，要靠以改革为动力加快发展，要靠坚持科学发展观基础上的更快、更好的发展。总体而言，保持我国经济的快速发展本身就是最大的经济安全。我国今

后每年新增就业人口不低于1400万，如果没有较快的增长速度，就解决不了就业问题。同时，从国际来看，要考虑到在综合国力的竞争中，不仅是经济的竞争，而且具有制度竞赛和意识形态竞争的含义。如果我们不能在增长速度和质量上达到优胜，就很难有说服力地证明中国特色社会主义的优越性。

2. 能否保证13至15亿人口日益增长的物质文化需要同资源、环境、生产力发展相协调。

中国发展的巨大难题不仅在于摆脱贫困任务本身的艰巨，而且还在于完成这一任务所受约束条件之严峻。人口众多而资源相对不足，这是制约我国发展的主要因素，我国人均水资源拥有量只是世界平均水平的1/4，人均耕地拥有量只是世界平均水平的40%，石油、天然气、铜和铝等重要矿产资源的人均储量分别相当于世界人均水平的8.3%、4.1%、25.5%和9.7%。

资源约束，主要是能源、粮食、原料和水资源的约束。特别是，我国目前正处于资源消耗强度较高的工业化中期阶段，同时又处于旧式工业化与新型工业化交叠的发展阶段，资源约束更为突出。而目前我国资源产出效率大大低于世界平均水平。随着我国加入WTO过渡期的结束，确保石油等战略资源长期稳定供应将成为更加紧迫的任务，这不仅是经济问题，而且是关系我国经济安全和国家安全的政治问题。建议中央着眼于中国的资源约束，着眼于中国的能源约束，更加有力地推动中国的新科技革命、新工业革命和产业革命。

中央已经提出，增加能源生产和降低能耗以及扩大石油的战略储备等措施。考虑到当前和可预期的这些方面的矛盾的重大尖锐性，建议中央下决心拿出一部分外汇储备，全面更新高能耗的陈旧设备；着眼于寻找可替代的能源和资源，结合城乡住宅改造和生活环境的优化，大力推广民用太阳能和农户沼气化。

3. 能否保证为解决“超大规模发展难题”所必需的资本供给。

中国已经成为世界前一二位的资本流入国，并且在今后的几年中仍将维持这样的高水平。“资本黑洞”成为世界、特别是发展中国家的一个担忧，而资本外逃则又成为中国发展的一个隐患。经过二十多年的改革开放，中国的民间储蓄已高达 11 万亿元，加上手持现金，数量更为可观，如何采取更多有效措施，把民间资金转换成民间资本，以减少对外资的依赖，减轻对“资本黑洞”的担忧，同时遏制资本外逃，这也是一个关系到能否和平崛起的战略问题。

建议有关部门应在仔细算清资本供给总账和分账的基础上，加快深化金融改革的步伐，并在加大统筹外资内资力度的基础上，建立金融危机预警及管理机制，确保我国的金融安全。

4. 能否妥善处理人力资源开发。

加快中国现代化建设，需要“更广大地开源”①，着眼于人才总量的增长和人才素质的提高，通过把教育搞上去，把各种培训搞上去，使沉重的人口压力转变为人才资源优势。中国综合国力的强弱和发展后劲的大小，愈来愈取决于劳动者素质的提高。

中国现代化的双重使命，要求我们既持续地利用廉价劳动力优势以加快新型工业化，又非常自觉、非常有效地培养高端人才，以加快推进信息化。中央已提出人才强国战略，建议在此基础上，抓紧制

①《邓小平文选》第 3 卷，人民出版社，1994 年版，第 355 页。

定“创建学习型社会”的国家行动纲领。同时，把人口高峰问题、老龄化问题、劳务输出问题、有序境外移民（包括移进、移出）问题提到国家发展战略高度来加以研究和解决，恐怕也是时候了。

5. 能否在解决“三农”问题、推进城市化进程中，既加快发展又保持社会稳定。

我国已经进入了人均 GDP 从 1000 美元向 3000 美元跨越的重要发展阶段。这是一个至关重要的发展阶段。在这一阶段，有可能出现两种发展结果：一种是搞得好，经济社会就会向前发展，就能顺利实现工业化、现代化；另一种是搞得不好，就会出现贫富悬殊、失业人口增多、城乡和地区差距拉大、社会矛盾加剧、生态环境恶化等问题，导致经济社会发展长期徘徊不前，甚至出现社会动荡和经济倒退。世界上一些国家在这个发展阶段上的经验教训，很值得我们认真总结和借鉴。特别是，我国的这个关键发展阶段还同解决“三农”问题、推动农村劳动力在城乡之间有序流动和城市化等相关问题紧密联系在一起，更增大了处理这个阶段改革发展稳定关系的复杂性。事实上，同这个关键发展阶段相关的社会问题，在我国已呈现日益突出的征兆。当前某些地方发生的群众上访、群体性事件以及重大恶性事件，就是例证。建议中央组织力量，像以往研究社会主义初级阶段问题那样，从理论和实践的结合上，深入研究这个关键阶段的各种问题与对策，并用以教育和培训干部。

6. 能否在参与经济全球化进程中，形成强大的“文化力”。

中国的和平崛起，是包括“文化力”在内的全方位崛起。十六大提出要大力培育民族精神，对此具有重要意义。如何做到在经济全球化进程中，通过卓有成效的文化创新，既大胆借鉴人类一切有益的文明成果，包括西方资本主义国家有益的文明成果，又有效地防止“西化”和“分化”，包括宗教渗透；既大力弘扬中华文明，又防止思想僵化，墨守成规，这是对我们党的执政能力的一个重大考验。我们的文化创新，就是要努力形成富有时代精神，又符合中国历史文化传统的，推动中国和平崛起的强大“文化力”。建议中央有关部门抓紧制定体现时代性，富于民族性，具有包容性的先进文化建设纲领，从而把建设社会主义先进文化，不断推进马克思主义中国化，用发展着的马克思主义来指导实践真正落到实处；把提高全民族的思想道德素质、科学文化素质和全民健康素质真正落到实处。

7. 能否继续发挥好全球华人华侨的特殊优势，形成既维护世界和平又促进共同发展的强大合力。

遍布全球的几千万华人华侨，既是我国改革开放初期大力引进海外资金技术的特殊优势，也是在21世纪头20年确保我国走通和平崛起发展道路的重要因素。他们在政治上可以成为和平使者，在经济上是连接中国同世界发展共赢的纽带之一。既要鼓励他们在所在国遵纪守法，发展自己；又要适时适当地为他们主持公道，伸张正义，特别是注意维护他们合法的经济政治文化权益。

8. 能否在参与经济全球化进程中，维护国家的主权和安全。

主权是民族国家生存和发展不可或缺的基石，今天和今后长时期仍是如此。经济全球化的发展，使得如何在新的条件下，维护国家主权成为更加迫切的重大新课题。由于国家间相互依赖不断增强，许多原本完全一国独有的权力日益为国际社会所共有，出现了所谓“主权让渡”，但是让渡并不意味着可以任意侵犯他国主权。

在经济全球化过程中，国家安全也出现了许多新情况、新变化，合作安全已成为维护中国安全和国际安全的有效途径。在中国和平崛起进程中，探索以建立信任措施为主要内容的新型安全合作模式，特别是加强区域合作安全机制建设，通过国际合作来维护国家安全，已经提上议事日程。随着经济全球化的不断发展，安全的范畴日益向广度发展，涉及经济、社会、环境、文化等非传统安全领域。特别是经济安全和文化安全的问题日益突出。建议尽快采取措施，研究组建国家安全统一领导机构，制定相关国家级安全战略，建立有关经济、文化、社会安全的危机预警机制和应急体系，以应对随时可能发生的影响中国和平崛起的各种风险和安全威胁。这个问题早解决比迟解决好。

9. 中国和平崛起与台湾问题。

中国坚持和平崛起有利于台湾问题的解决。台湾问题的最终解决，关键取决于我们崛起的速度和崛起的程度。

在中国和平崛起的过程中，正如中央所强调的，只要有一线希望，就应尽最大努力实现祖国的和平统一。和平解决台湾问题取决于我们坚持经济社会发展和国防发展，建设强大的综合国力；取决于我们切实做好香港澳门的人心回归工作，在“一国两制”框架内，保持港澳的繁荣和稳定；取决于我们认真做好台湾人民的工作，增强对台湾民众的吸引力和感召力；取决于我们努力做好国际社会的工作，特别是加强东亚区域合作，同时又赢得包括台湾人民在内的最广泛的理解、同情和支持。在这种情况下，必须继续反对和遏制任何形式的“台独”分裂主张和活动，没有任何妥协的余地。

2009 年郑必坚率团访问台湾，出席“两岸一甲子学术研讨会”并发表主旨演讲。

10. 中国和平崛起与建立强大的国防。

毫无疑问，中国的和平崛起需要有强大的国防来捍卫自己的战略利益。实现国防现代化，既是中国和平崛起的重要标志之一，也是保证中国和平崛起的坚强后盾。

进入新世纪、新阶段，为了保证和平崛起、保卫战略通道、保护日益增长的海外利益以及参与国际维和和反恐，适时适度地增加军费投入，改进军事装备，推进新军事变革，增强国防实力，也是服从大局，也是完全必要的。特别是在当前国际竞争加剧的态势下，宜抓紧研究我国国防安全的新战略。

11. 中国和平崛起与大国关系。

冷战结束以后，特别是“9·11”事件以后，新一轮大国关系调整已经展开。单边主义和多边主义之争，国际秩序之争，已上升为大国矛盾的焦点。但是综观全局，大国合作的趋势仍大于大国冲突的趋势，新的大国协调机制正在出现和形成。在中国和平崛起进程中，主要大国关系的走向对中国是基本有利的。

在处理大国关系时，我们固然需要防止美国及其盟国在我周边形成新的包围圈，但绝不加入或组成任何军事集团，不搞势力范围；我们需要具备与总体国力相匹配的战略威慑力，作为坚持和平崛起意志力的基础，但不追求军备竞赛；我们需要加强自己的“文化力”建设，但不搞意识形态输出；我们反对霸权主义，但自己也绝不当头。我们清醒地意识到，中国的崛起必将面临霸权主义在政治、军事、经济、科技、文化等方面的巨大压力；特别是世界上一些反华势力不时会在人权、台湾、香港、贸易等问题上对我挑衅和施加压力；相关大国同我们在一系列重大国际问题上的分歧和摩擦也将长期存在，在某些情况下甚至可能出现危机。我们同时又清醒地看到，在反对国际恐怖主义方面，在维护世界和平和亚太地区稳定繁荣方面，我们与以美国为首的西方大国存在多方面利益汇合点和利益共同体，尤其在经济领域有很强的互补性。只要我们坚持以国家利益为重，超越社会制度和意识形态的差异，妥善处理大国关系，同时认真探索大国间危机预警和管理机制，就一定能构建和扩大利益汇合点和利益共同体，促进共同发展，保障共同安全，形成中国和平崛起发展过程中认识和处理大国关系的新理念。

12. 中国和平崛起与周边关系。

中国的周边关系包括两大部分：一部分是中俄、中日、中印等大国关系；另一部分是中国与东盟国家，中国与中亚邻国，中国与朝鲜、蒙古的关系。我们这几年以发展同周边中小国家的关系来调动大国关系、促进大国合作，以平衡大国关系来加强同中小国家的区域合作，收到了良好的效果。在此基础上，进一步消除中小邻国对中国崛起的担忧，继续奉行睦邻、安邻、富邻、稳邻的政策，综合运用经济、文化等各种手段，妥善处理同周边的关系，将有可能营造安全可靠、经济繁荣、互利共赢、长期稳定的周边和平环境。

13. 中国和平崛起与广大发展中国家。

在中国和平崛起的进程中，加强同发展中国家的团结和合作仍然是中国外交的基本立足点。针对中国和平崛起进程中发展中国家的疑虑，我们在坚持“决不当头”的战略方针的同时，也注意在重大场合多为他们说话。大力推进同有资源、有影响力的发展中国家的经贸合作，使发展中国家从中国崛起中，从与中国的合作和相互支持中得到好处，与中国共同和平崛起。同时，在条件允许的情况下，加大对非洲友好国家的援助力度。充分发挥中国同发展中国家在国际重大问题上互相支持的政治优势。

14. 中国和平崛起与国际和地区利益汇合点、利益利害共同体。

中国和平崛起必然会对国际社会原有的权力格局和利益格局造成一定的冲击；同时，经济全球化又在总体趋势上把各国联成一个相互依赖的整体。这种复杂态势，要求我们在中国和平崛起的进程中，积极促进建立各种有利于我、也有利于别人的，不同内容、多种层次的国际利益汇合点、利益共同体和利害共同体。比如说，以应对国际危机和各种全球性灾难为目的的利害共同体，以及以经济利益为核心，利用现有的“10+1”“10+3”等机制，并探索东北亚自由贸易区域、中日自由贸易区域的可能性，进一步营造有利于中国和平崛起和地区共同发展的利益汇合点和利益共同体。

15. 中国和平崛起与战略资源通道网络。

经济全球化的发展，使我国各种战略资源，尤其是石油等能源的进口迅猛增加。以石油为例，我国已经成为世界第二大石油进口国，而我国从中东地区进口石油已占进口总量的50%以上，其中4/5左右是通过马六甲海峡运输。每天通过马六甲海峡的船只近60%是中国船只及来往于中国的船只。中国战略通道的这种单一性和脆弱性，潜伏着严重的经济安全和国家安全危机。美国等在马六甲一带屯兵布阵的一系列行动，更应引起我们的高度关注。因此，需要设法尽量减少对西太平洋战略通道的依赖，加快多方向、多渠道的陆地、海上输油管道的建设。战略通道事关中国的经济安全和国家核心利益，事关中国能否顺利崛起，建议尽快组织专家研究，从战略全局的高度筹划和经营蛛网式战略通道的建设，并确保战略通道畅通的能力。

16. 中国和平崛起与南海、东海问题。

南海和东海正在形成一股“圈海”风潮。这既有美日等大国背后支持，干扰我和平崛起的战略企图，也有周边相关国家出于各自经济和政治利益，试探我和平崛起战略底线的考虑。

中国和平崛起必须建立相应的海洋战略。既要坚决维护我海洋权益，又要从和平崛起的大局出发，讲究策略。既要考虑新形势下我经济建设需要大量海洋资源，也要考虑有关国家的利益，共同发展，逐渐形成利益汇合点和利益共同体。

建议中央在继续坚持“主权属我，搁置争议，共同开发”的方针，妥处争端。在保持海疆局势基本稳定的同时，采取有效措施，在东海、南海问题上有所作为。可以考虑采取更加优惠的政策，与国际较大公司商讨合作开发南海油气田的可能性，以避免在“圈海”风潮中被排挤出局。

17. 中国和平崛起与民族、宗教问题。

民族宗教问题是在和平崛起过程中建设强大“文化力”的重要内容，是中国社会转型过程必须妥为应对的重要问题，也是消除三股势力社会根源的重要方面。

中华民族素来秉持“和而不同”“天下一家”，妥善处理民族宗教事务，以“屯垦戍边”，发展稳定边疆。历史经验必须继承和弘扬。民族问题在中国特色社会主义建设过程中呈现出新的特点。民族地区利益多元化，民族认同感的增强，宗教倾向的强化以及东西部经济发展的不平衡，使得一些较深层次的矛盾和问题日趋表面化，已成为全面建设小康社会过程中的潜在障碍。

建议中央在继续坚持民族区域自治和宗教信仰自由政策的同时，深入研究民族宗教问题在中国和平崛起进程中的新特点、新趋势和新作用。研究民族宗教在中国强大“文化力”中的角色，正确对待宗教的社会功能，支持积极的民族宗教力量，打击民族分裂主义和宗教极端主义，消除恐怖主义产生的民族宗教基础；

更加重视协调发展措施在新疆、西藏等地的落实，深入开展国际反恐合作。

18. 中国和平崛起与联合国、国际组织。

在新的世纪，面对新的挑战和机遇，联合国等国际组织正在酝酿重大变革。作为二战后国际秩序的核心，联合国等国际组织既发挥了维护世界和平与安宁的积极作用，也显示出许多缺陷和不足。要维护国际秩序的稳定存在和国际体制的健康运行，牵制和阻止超级大国单极独霸世界战略，联合国等国际组织的作用只能加强，不能削弱。

中国和平崛起的本质是与经济全球化相联系而不是相脱离，同世界各国平等合作、共同发展。面对当前国际秩序中多边主义与单边主义的斗争，中国高举多边主义的旗帜，充分发挥联合国以及其他对我友好的国际组织的作用，捍卫稳定、健康的国际秩序。中国的和平崛起，以及若干发展中国家的共同和平崛起，以及广大发展中国家的平等诉求和发展渴望，以及广大发展中国家的平等诉求和发展渴望，是推进国际组织逐步改革的重大动力。

建议重视联合国和国际组织在现存国际秩序中的核心地位，深入研究联合国的改革方案，积极参与联合国事务，充分发挥我在联合国中的常任理事国作用；积极参与和支持国际组织的工作，并在适当时机，在事关我国利益的问题和地区，推动和主导新型多边安排或国际组织的建立。

19. 中国和平崛起与国际秩序。

历史上伴随着大国的崛起总是周而复始地出现维护还是挑战既有的国际秩序之争。中国的和平崛起，打破了这一常规，创造性地走出了一条强国新路。进入 21 世纪以后，中国要继续走通和平崛起的发展道路，就要以正确的战略和高超的谋略来处理现存的国际秩序和国际关系。

目前，国际秩序之争，正成为国际斗争的一个突出焦点。美国那种到处称霸、推行单边主义的做法，有悖于世界和平和发展的时代潮流。我国宜同世界各国一起促进国际关系民主化，更好地发挥联合国在国际事务中的作用；针对发展中国家在现存国际秩序中所处的不利地位，我国宜积极推进国际政治经济新秩序，倡导不论大国、小国，强国、弱国，都应在世界舞台上有自己合法的权力和地位。总之，中国面对现存的国际秩序，究竟是采取对抗或不合作的方式，还是应以渐进的方式、和平的方式、民主的方式参与改革现有国际政治经济秩序中的不合理方面？和平崛起中的中国究竟是选择充当国际秩序的破坏者、造反者，还是建设者、改革者？我们认为无疑应当是后者。

这 19 项战略建议，是 2004 年 4 月提出的。现在读来依然饶有兴趣。特别是，事关中国和平崛起的一些国内问题，在党中央的正确领导下都已经采取有效措施加以解决，或正在加以解决。这一切也证明了我们党有能力在应对挑战中抓住机遇，有能力带领中华民族实现伟大复兴，走向社会主义现代化。

四、扩大“中国和平崛起发展道路”的国际影响

在那之后，我们从“深入研究，正常交流，宣传适度”三个

方面，部署我们的工作。

首先，我们继续以博鳌亚洲论坛为平台，扩大“中国和平崛起发展道路”的国际影响。2004年4月24日，博鳌亚洲论坛年会开幕，胡锦涛总书记发表重要讲话，他说：“中国的发展离不开亚洲，亚洲的繁荣也需要中国。中国将坚持和平发展的道路，高举和平、发展、合作的旗帜，同亚洲各国共创亚洲振兴的新局面，努力为人类和平与发展的崇高事业作出更大的贡献。”① 中国改革开放论坛和博鳌亚洲论坛在开幕式后联合召开了圆桌会议，讨论中国和平崛起与经济全球化这一重大课题。我在会上的发言，阐述了中国和平崛起的发展道路是一条什么样的道路，是否走得通；中国的和平崛起给亚太地区带来了什么；中国和亚太地区未来的前途在哪里。这次圆桌会议吸引了亚太地区和欧洲国家的许多政要、专家学者和企业家，大家提出了许多有创新价值的观点和许多值得深入探讨的问题。我在25日的总结会上对大家的贡献和指教表示了深切的谢意。值得一提的是，在这次博鳌亚洲论坛年会期间，我还同美国前总统乔治·布什交谈了中国和平崛起问题。就在交谈后，他在午餐会上的演讲中说：“中国和平崛起是件很重要的好事，使亚洲国家放心。”

为了在世界广泛传播“中国和平崛起”这一全新理念，从9月开始，我们加大了国际交流的力度。9月3日，我在欧洲“世界高峰论坛”作了“关于‘中国和平崛起发展道路’的十点说明”。9月28日到10月7日，我又率领中国改革开放论坛代表团访问

①《人民日报》2004年4月25日。

2011 年郑必坚访美期间在斯坦福大学演讲（右一为美国前国防部长佩里，右二为斯坦福大学中国问题专家刘易斯）。

了法国、意大利、荷兰、比利时四国，举行了 26 场会谈和座谈活动，以及 5 场主题演讲会。在交流中，我针对大家提出的问题，坦诚地指出我国在和平崛起发展道路上将面临“三大挑战”，即资源、环境、经济与社会协调发展的挑战，我们将实现“两大超越”即超越旧式工业化道路、超越冷战思维。

2005 年 4 月我们第三次进入博鳌亚洲论坛。中国改革开放论坛和博鳌亚洲论坛、美国亚洲协会 4 月 22 日在那里共同举办了国际研讨会。全国人大常务委员会副委员长、中国科学院院长路甬祥和尼泊尔部长会议副主席比斯塔等嘉宾在开幕式发表了演讲。新加坡资政李光耀在午餐会上发表了演讲。各国政要和国内外专家学者 150 人出席了研讨会。我在会上作了题为《中国的和平崛起与亚洲的新角色》的主旨演讲。

为了更好地向国际社会介绍中国选择的这条全新的发展道路，中央有关部门从2005年8月下旬起组织起草《中国的和平发展道路》白皮书。改革开放论坛的专家参加了这一工作。我也根据中央有关部门的要求，对这个白皮书作了认真修改。

从2005年到2006年，我们在深化研究的同时，进行了大量的国际交流工作。其中，有两场重要的国际研讨会是需要讲一讲的。

一场是2005年12月6日在法国巴黎举办的“中国和平崛起发展道路与中欧关系”研讨会。

温家宝总理在法国出访期间，会见了出席这次研讨会法国前总理拉法兰、法国总统政治顾问莫诺、法国参议院国防和外交委员会前主席德维尔潘等政要和法国核电公司总裁巴特勒等企业家，并出席研讨会，发表了重要讲话。由于是中国总理亲自说明中国为什么要坚定不移走和平发展道路，起到了很好的增信释疑作用。我在巴黎研讨会之后，率团访问了法国、荷兰、西班牙、英国，继续做工作。

这次欧洲之行，我们通过讲演、座谈和对话，阐明了“和平崛起”与“和平发展”在本质上是一致的，同时“和平崛起”又体现了中国在现阶段“和平发展”的阶段性特点；阐明了中国的和平崛起是一个同给别国创造机遇相联系的市场大国的崛起，不会给世界带来麻烦；阐明了中国的和平崛起不只是经济上的快速发展，而且是在民主政治与市场经济相结合、民主政治与依法治国相结合、民主政治与提高人的素质和改善人民生活相结合过程中的全方位崛起；澄清了中国的崛起令人可怕的担忧，阐明了当代中国和平崛起的最深刻的实质内涵，是中华文明的复兴。

第二场是 2006 年 4 月 19 日在美国西雅图举办的“中国和平发展道路与中美关系的未来”圆桌会议。

这场活动是配合胡锦涛作为国家主席对美国的首次国事访问进行的，实践证明，这一极富战略性的重大举措，对增强中美战略界的互信和合作发挥了至关重要的作用。美国各大智库对这场活动高度重视。基辛格、斯考克罗夫特、佩里、哈姆雷等美国著名战略问题专家都赶到西雅图赴会。胡锦涛主席亲切会见了他们以及与会的全体中外专家学者，发表了重要讲话，在美国战略研究界和美国社会产生了强烈的反响。我和基辛格、斯考克罗夫特及中国人民外交学会会长杨文昌在会议开幕时发表了主旨演讲，佩里发表了午餐会演讲。会后，我率团访问了洛杉矶、华盛顿和纽约，分别会见了美国副国务卿佐利克、参议员格雷厄姆、联邦最高法院大法官肯尼迪、前总统安全事务助理布热津斯基、前驻华大使芮效俭、著名中国问题专家兰普顿等等，并走访了兰德公司、卡内基国际和平基金会等智库。与此同时，中国改革开放论坛副理事长李君如率代表团部分成员访问了旧金山、波士顿等地，会见了美国前副国务卿库珀、国务卿赖斯的老师刘易斯、著名中国问题专家傅高义和麦克法夸尔、马若孟、杜维明等，并走访了斯坦福大学胡佛研究所和东亚研究所、哈佛大学费正清研究中心等研究机构。

这次活动的成果非常丰富。我在演讲中系统阐述了三个观点：第一，中国的发展是和平的发展；第二，中国和平发展道路最深刻的实质内涵是中华文明在 21 世纪上半叶的复兴；第三，中美关系的未来也是同中美两个伟大国家之间不同文明的交流和沟通分不开的。基辛格则在演讲中强调，我们必须理解两国面临的挑战，认识到我们双方都在经历巨大的变化，但中美关系是长期的不同寻常的关系，不应只集中在眼前，而应反映在中期和长期的美好远景上。兰普顿说，中美之间最大的问题还是战略上相互猜忌。因此要抓住中美建设性合作关系的极好时机，积极推动建立战略互信。佩里还建议，双方应建立更紧密的军事关系，比如可以在救灾和维和问题上展开合作，交换军事培训人员，这样可以极大增加相互的透明度。

2006 年 12 月郑必坚邀请美国前总统乔治·布什到“中国科学与人文论坛”发表演讲，与布什夫妇合影，并接受赠书。

通过在欧洲和美国举办的这两场中国党和国家领导人亲自参加的国际研讨会，以及我们同他们各个方面广泛的交流，大大扩大了“中国和平发展道路”“中国和平崛起发展道路”在国际社会的影响。

经过这一系列活动，我还深感，“文明沟通”有利于增进“战略互信”，因而在总结这两场活动时，我的报告中建议，下一阶段深化中国和平发展道路研究，宜从“和平崛起”拓展到“文明复兴”、从“和平中国”拓展到“文明中国”上来。

五、“和平发展道路”被写进十七大报告，并于 2018 年 3 月载入《中华人民共和国宪法》

从 2002 年立项启动开展“中国和平崛起发展道路”研究至今，已经有 15 个年头了。回顾那些我和课题组同志们几乎天天加班的紧张岁月，格外难忘。

尤其令人高兴的是，我们的研究和交流活动不仅得到了党中央的有力领导、坚定支持，而且所取得的成果被写进了 2007 年党的十七大报告。[①]

十七大报告的第十一部分，是论述中国共产党的外交政策的。这一部分的标题，就是：“始终不渝走和平发展道路”。报告指出，当今世界正处在大变革大调整之中。在强调和平与发展仍然是时代主题的同时，深刻指出了世界多极化不可逆转、经济全球化深入发展、科技革命加速推进等大趋势。特别是，指出了当代中国同世界的关系发生了历史性的变化，中国的前途命运日益紧密地

① 自十七大后，十八大、十九大党代会报告都以“和平发展道路”为标题论述中国共产党对国际问题的政策主张。

同世界的前途命运联系在一起。有鉴于此，报告提出了“两个始终不渝”：一是中国将始终不渝走和平发展道路；二是中国将始终不渝奉行互利共赢的开放战略。强调中国坚持在和平共处五项原则的基础上同所有国家发展友好合作，强调中国将继续以自己的发展促进地区和世界的共同发展，扩大同各方利益的汇合点。

十七大报告强调的这些战略思想和政策要点，为我们深入研究中国和平崛起发展道路及其所内含的中国特色国际关系理论，指明了继续努力的方向。

2018 年 3 月 11 日，又经第十三届全国人民代表大会第一次会议通过，“坚持和平发展道路”被载入《中华人民共和国宪法》。

还要说到一点，在参与上述多方面工作的进程中，我本人关于中国和平崛起这个问题的思考和研究一以贯之，不断深化。这里一个重要之点，就是在邓小平关于和平和发展是时代主题的战略估量指引下，在同经济全球化的紧密联系中研究“中国和平崛起”或“和平发展”的全新战略道路，形成了关于国际范围内“利益汇合点”和“利益共同体”的战略观念。此点在前面已经提及，第四章特别是第五章还要做专门介绍。

第二章

经济全球化四百年和中国之命运

我们关注经济全球化，是因为它在深刻地影响和改变世界历史进程的同时，深刻地影响和改变了中国的历史进程。而在今天，我们面对的一项重大课题，就是紧密联系于经济全球化这一时代大潮，来研究中国现代化、中国特色社会主义的历史发展和前景。

一、第一轮经济全球化与中国“落日的辉煌”

近代以来，走着曲折道路的中国之命运和经济全球化息息相关，密不可分，历史教训刻骨铭心。

当今世界的经济全球化，不是突然冒出来的，而是经历了相当长久的世界经济曲折发展进程的。回溯历史，从16世纪荷兰、西班牙的兴起，到18世纪中叶至19世纪这一个半世纪在英国完成的世界第一次工业革命，可以说是人类历史上经济全球化的开端，即第一轮经济全球化。马克思、恩格斯的《共产党宣言》等著作中最早描述了经济全球化的表现和特点。

《共产党宣言》指出：“大工业建立了由美洲的发现所准备好的世界市场。世界市场使商业、航海业和陆路交通得到了巨大的发展。这种发展又反过来促进了工业的扩展，同时，随着工业、商业、航海业和铁路的扩展，资产阶级也在同一程度上发展起来，增加自己的资本，把中世纪遗留下来的一切阶级排除到后面去。”“资产阶级，由于开拓了世界市场，使一切国家的生产和消费都成为世界性的了。”“这些工业所加工的，已经不是本地的原料，而是来自极其遥远的地区的原料；它们的产品不仅供本国消费，而且同时供世界各地消费。旧的、靠本国产品来满足的需要，被新的、要靠极其遥远的国家和地带的产品来满足的需要所代替了。过去那种地方的和民族的自给自足和闭关自守状态，被各民族的互相往来和各方面的互相依赖所代替了。”[①] 正是依据马克思、恩格斯的精辟论述，习近平总书记这样说：“经济全球化是我们谋划发展所要面对的时代潮流。‘经济全球化’这一概念虽然是冷战结束以后才流行起来的，但这样的发展趋势并不是什么新东西。早在十九世纪，马克思、恩格斯在《德意志意识形态》、《共产党宣言》、《一八五七——一八五八经济学手稿》、《资本论》等著作中就详细论述了世界贸易、世界市场、世界历史等问题。”“马克思、恩格斯的这些洞见和论述，深刻揭示了经济全球化的本质、逻辑、过程，奠定了我们今天认识经济全球化的理论基础。”[②]

然而，这一大段经济全球化的历史，对于中国人来讲，经历的苦难和留下的教训实在是太深刻了。我在主持中央党校工作的时候，曾经在《学习时报》[③] 上组织发表了一篇由徐伟新教授等撰写的影响很大的文章：《落日的辉煌》。“落日”就是即将下山的太阳。那时，天边一片血色的晚霞，十分壮观和辉煌，美景不输朝霞。但是，朝霞带来的是光明的白昼，晚霞带入的却只能是黑暗的夜晚。《落日的辉煌》讲的就是，当工业革命从英国起步，经济全球化勃然兴起，将人类带入一个全新时代的时候，古老的中国正处于历史上所说的“康乾盛世”。而“康乾盛世”这个“盛世”，恰恰就是即将带来无尽长夜的“辉煌”的“落日”！“康乾盛世”

---

① 马克思恩格斯：《共产党宣言》，《马克思恩格斯文集》第 2 卷，人民出版社，2009 年版，第 32 页、第 35 页。

② 习近平：《在省部级主要领导干部学习贯彻党的十八届五中全会精神专题研讨班上的讲话》，《习近平总书记重要讲话文章选编》，党建读物出版社、中央文献出版社，2016 年版，第 398 页。

③《学习时报》，1999 年创刊，由中共中央党校主办，以各级党政干部和广大知识分子为主要对象，倡导“依托于读书，着眼于问题”，是国内外公开发行的全党唯一专门讲学习的报纸。

之后不过40多年，就发生了英国打败清王朝的“鸦片战争”，成为使中国变成半殖民地半封建社会的转折点。事情很明白，清王朝1840年的失败不是偶然的，“康乾盛世”期间就种下了衰败的祸根。所谓“康乾盛世”，是指清王朝三个很有作为的皇帝，他们是康熙（1662–1722）、雍正（1723–1735）、乾隆（1736–1795），在他们统治的130多年间，经济文化繁荣发展，中国社会各个方面在原有制度体系框架下都达到了极致。到乾隆末年，中国经济总量居世界第一；人口占世界三分之一；对外贸易长期出超；全世界10个拥有50万以上居民的城市，中国就有6个。法国启蒙学者伏尔泰称赞中国是“举世最优美、最古老、最广大、人口最多而治理最好的国家”。另一位法国启蒙学者狄德罗在他主编的《百科全书》“中国”条目中，盛赞“中国民族，其历史之悠久，文化、艺术、智慧、政治、哲学的趣味，无不在所有民族之上。”但是，就在这种“盛世”的霞光下，清王朝以“天朝大国”自居，把来自西方的科学技术和发明创造蔑视为“奇技淫巧”，把市场化的工商业看作“末业”，对自由贸易通商加以拒绝，更没有在中国推动工业革命，结果就是错过了世界范围的工业革命和第一轮经济全球化这一重大的发展机遇。当工业革命和经济全球化带来的生产力巨大发展，把西方社会迅速地推进到一个更高的历史发展阶段之际，相形之下，中国却在封建主义的迟暮中步履蹒跚。落日虽然辉煌，跟踵而来的却是长夜无歌。

这段历史给我们的警示是多方面的。其中最要紧的，就是统治阶级腐朽没落。他们面对如此巨大而严峻的历史大考验，竟然懵然无知、全无察觉。紧接着，又由盲目自大（一个极端）转为屈膝投降（另一个极端）。由此开始，使中国在西方列强炮舰政策下变成半殖民地社会，遭受了长达100多年的历史磨难。

二、近代以来中国人的两大历史性追求和三次历史性大转折

中国的近代史是从1840年鸦片战争为起点开始的。从那时起，中国这个民族的历史书上写满了多灾多难的历史事件。中国是以首都北京在1900年被八个外国的联军占领这个奇耻大辱为标志，进入20世纪的。国耻的痛切之情，深深埋在最广大的中国人心中。

党的十五大在对中国近代以来历史经验进行总结的时候，精辟指出，鸦片战争后，中国一步一步成为半殖民地半封建国家。从此时起，中华民族就面对着两大历史任务：一个是求得民族独立和人民解放；一个是实现国家富强和人民幸福。简明地说，就是“救亡图存”和“振兴发展”。而正是这两大历史性追求，就成为对整个中华民族，包括中华民族各个阶级、各个政党及其领袖的最大考验，从而也就成为多少代中国人，从1840年直到2050年这二百多年间前赴后继、不懈奋斗的最深层历史动力。

需要指出的是，中华民族复兴的这两大历史任务和中国的历史命运，既来自中国的大变动，又来自世界的大变动，来自中国和世界范围经济全球化的关系。历史就是这样，中国社会的大变动，三次大转折同世界的大变动特别是世界范围三轮经济全球化

的曲折发展密不可分。这是观察中国问题不可或缺的一个重要视角。

第一轮经济全球化和中国第一次历史性大转折。严格地说，第一轮经济全球化始于16世纪，盛于18世纪中叶，当时中国正处于“落日辉煌”的“康乾盛世”，而英国的工业革命方兴未艾。发生鸦片战争的1840年，恰恰就是英国国内铁路网建成之年。这两件事发生在同一年，不是偶然的。恰好说明了英国工业革命基本完成之日，即是中国被英国一巴掌打入半殖民地之时。整体而言，18世纪中叶到19世纪末叶这100多年间，中国人由于错失工业革命和经济全球化的历史机遇，没有赶上时代，由盛转衰，一步一步被打入谷底，成为经济全球化和资本殖民主义的最大受害者。这就是第一轮经济全球化和中国之命运。

与此同时，我们又看到，自那时起，中国人为了“救亡图存”和“振兴发展”，从近代“睁眼看世界的第一人”林则徐[①]，到喊出“振兴中华”口号、领导辛亥革命、建立民国的伟大革命先行者孙中山，可歌可泣的战斗从未止息。辛亥革命推翻了统治中国几千年的君主专制制度，开创了完全意义上的近代民族民主革命，中国经历了第一次历史性大转折。辛亥革命虽然未能改变旧中国的社会性质和人民的悲惨境遇，未能扭转国势衰败，但为中国的进步打开了闸门，使反动统治再也无法稳定下来。

① 林则徐（1785-1850），福建侯官县人，晚清政治家、思想家。他受命钦差大臣，在广州查禁英国等西方国家向中国倾销的鸦片，将查缴的鸦片在虎门销毁。英国以此为借口发动鸦片战争，入侵中国。林则徐严禁鸦片，积极抗英，因此成为民族英雄。他同时又是“近代中国睁开眼睛看世界的第一人”，他让人读英文报纸并摘要报皇帝，他是第一个认真思考应当学习西方工业革命成果的中国人。

第二轮经济全球化和中国第二次历史性大转折。第二轮经济全球化始于19世纪末20世纪初，西方资本主义国家进入了金融资本统治的帝国主义阶段。

但是在20世纪上半叶30多年间先后爆发的两次世界大战，使得第二轮经济全球化的进程中断了，并且先后引发俄国1917年十月革命，和由20世纪20年代兴起的长达28年的中国新民主主义人民大革命。在中国共产党领导下，中国人抓住第二轮经济全球化断裂的时机起来革命。在以毛泽东为核心的第一代中央领导集体的卓越领导下，经过北伐战争、土地革命、抗日战争和解放战争，推翻了帝国主义、封建主义、官僚资本主义三座大山，建立了人民共和国，获得了国家独立和人民解放，并且从新民主主义走上社会主义道路，取得了社会主义建设的巨大成就。中国人民在前进道路上经历的这第二次历史性大转折，又打开了真正实现近代以来中国人两大历史追求的大门。这就是第二轮经济全球化和中国之命运。

第三轮经济全球化和中国第三次历史性大转折。第三轮经济全球化始于20世纪70年代末80年代初，美国在越南战争中失败，苏联也在阿富汗战争中受挫。有资格打世界大战的这两个超级大国的全球战略先后遭受重大挫折，世界逐渐进入和平与发展为时代主题的新格局。特别是，在新科技革命日新月异的推动下，信息、资本和商品在全球的流动加快，跨国公司突兀而起，第三轮经济全球化的浪潮兴起。

恰好从这时起，即从1978年起，中国共产党十一届三中全会决定实行改革开放，为实现中国的社会主义现代化而奋斗。这是以邓小平同志为核心的第二代中央领导集体的杰出领导下开始的一场新的大革命。中国人抓住了新的时机，经过30多年努力奋斗，在总结历史经验的基础上，成功地开创了一条在同经济全球化相联系而不是相脱离的进程中独立自主地建设中国特色社会主义的道路，也就是中国和平崛起、和平发展的道路。社会主义中国在改革开放中显示的蓬勃生机和活力，为世界所瞩目。这就是第三轮经济全球化与中国之命运。

在这三轮经济全球化和中国命运的三次历史性大转折中，中国人先后觉醒到“天朝大国”的腐朽，必须推翻帝制、建立共和以图强；觉醒到照搬西方道路走不通，必须走新民主主义革命道路、实行武装斗争以图强；又觉醒到苏联模式的僵化停滞是死路，必须走中国特色社会主义道路、实行改革开放以图强。这就是170多年来中国人的三次伟大觉醒。

国际形势曲折发展的外部环境和救亡图存、振兴发展的内部动力相结合，决定了中国人对民族命运、对世界趋势一次又一次的重新认识，并且经过多方面的艰难曲折的伟大斗争，改变了中国在世界舞台上的地位和形象。面对经济全球化，无非有这样几种选择：一种是妄自尊大，脱离经济全球化，关起门来搞现代化。这是不可能成功的。又一种是妄自菲薄，甘当附庸，完全依附外国，依附西方。历史证明，这种办法也是屡试屡败，不可能成功的。只有第三种选择，那就是通过改革开放，在同经济全球化相联系而不是相脱离的进程中，独立自主地建设中国特色社会主义，才是中国共产党开创的一条举世无双的成功道路。

第三章

中国在改革开放中打开了一条和平崛起的全新战略道路

中国实行改革开放路线之时，正是世界范围第三轮经济全球化兴起之际。中国共产党人在邓小平卓越领导下，抓住了这个历史机遇，一是作出了和平与发展成为时代主题的战略判断，二是制定了以“一个中心、两个基本点”[①] 为主要内容的基本路线，从而打开了一条和平崛起的全新战略道路。

① “一个中心、两个基本点”即：以经济建设为中心，坚持四项基本原则，坚持改革开放。

一、第三轮经济全球化的兴起及其历史特点

经济全球化，在今天，已经成为世界范围议论纷纭的一大热门话题。不同国家，不同阶级、阶层、集团和各种政治派别，以及各方面政治家、经济家、军事家、思想家，都参与了这场大讨论。诸子百家，议论种种，各有不同，大相径庭。而经济全球化在21世纪前期的走向，必将更加深刻地影响国际大局，也更加深刻地影响我国国内大局，使我们在新世纪面临新的重大机遇和挑战。

一般而论，所谓经济全球化，指的是全球范围内各国各地区之间经济相互联系和相互依存，在世界市场扩展和深化基础上日趋密切，这样一种发展态势和发展进程。如前所说，从世界史上第一次工业革命以来，经济全球化已经经历了三轮。现在要着重讨论的“经济全球化”，乃是始于20世纪70年代末80年代初直到今天的“第三轮经济全球化”。

那么，怎样看待这一轮经济全球化呢？

首先，和前两轮经济全球化一样，这一轮经济全球化仍然是社会化生产发展的客观要求和必然结果，同时又是以西方发达国家为主导。“经济全球化时代”这一概念就是美国人用在前，克林顿执政时期的美国选了这样一个超越“冷战时代”的“全球化时代”概念来表征所面临的时代。世纪之交美国出台的几个《国家安全战略报告》，都以这个词作为关键词。或者说是他们当时关于

国家安全的指导性理论，其核心思想，是在苏联垮台而美国“一超独霸”条件下，依据新自由主义的外交理念，放任投资和贸易自由化，以利于美国在全球独特的领先优势，最大限度地维持其在全球“一超独霸”的地位和格局。其政策导向，相对于冷战时期，更倾向于大国接触和国际合作而非遏制，更倾向于国际组织和多边主义而非孤立主义，更倾向于投资和贸易自由化而非保护主义。其政策的实施工具，则是七大发达国家组成的全球治理平台即“G7”[①]（后来又曾吸收了俄罗斯参加，一度成为“G8”）。

因此，这一轮经济全球化，对于像中国这样的发展中国家就是一把“双刃剑”。我们既有可能在参与经济全球化过程中，利用自由贸易提供的市场和投资便利，又要防范发生损害国家主权和经济安全的各种风险。总体而论，这一轮经济全球化是美国设计主导并有利于美国霸权的。只是到了2008年美国次贷危机引发全球金融危机以后，这一轮经济全球化的内在结构性矛盾和种种弊端才突出暴露，美国“一超独霸”的地位和格局才开始动摇。而这当然又是美国和西方始料未及的。

其次，这一轮经济全球化是以跨国公司的扩展为突出标志。所谓“跨国公司”，就是一些大型企业通过对外直接投资，在海外设立分支机构和子公司，形成了以跨国组织形式运行的工业垄断企业。这类公司在19世纪末20世纪初，已经在经济比较发达的

---

① G7会议是美国、英国、法国、德国、日本、意大利、加拿大为研究经济形势、协调政策而举行的首脑会议，开始于1975年。多年的运行已让G7会议成为西方主要发达工业国的首脑会议，多项国际行动计划均在这一框架内达成，比如在政治领域，上世纪末G7就发动科索沃战争以及相关战争费用分摊达成了一致；在经济领域，著名的广场协议以及对东南亚金融危机的救助也是G7的合作成果。

美国和欧洲国家出现。但到20世纪70年代末80年代初，跨国公司迅猛发展，数量增加到1万多家，由其控制的国外子公司和分支机构已达10万家。到了1996年，跨国公司又增至4.4万家，受其控制的子公司则达28万家，其在全世界的雇员也增长到7000多万人。再到2001年，跨国公司已达6.5万家，有85万家子公司，年销售额19万亿美元。特别是，跨国公司控制了世界工业生产总值的40%–50%，国际贸易的50%–60%，对外直接投资的90%，且拥有全球90%的技术转让份额。

跨国公司的出现，意味着世界市场获得了前所未有的拓展空间。但是另一方面，跨国公司为赢得最大利润，把原来在发达国家的许多实体经济转移到发展中国家，却又导致发达国家内部出现经济空心化以及与此相联系的失业率增加等问题，并从而导致

2013年4月23日郑必坚在国家创新与发展战略研究会会见来访的澳大利亚前总理陆克文。

发达国家本身社会矛盾加剧。这又是第三轮经济全球化发展过程中，西方发达国家在国内经济社会发展中遇到的一个棘手的矛盾。

第三，这一轮经济全球化面临一个前所未有的历史大背景，就是20世纪70年代末80年代初“和平和发展”开始成为时代主题，而这是以往那两轮经济全球化所全然不曾具备的条件。第一轮和第二轮经济全球化，由于同资本主义殖民侵略（第一轮）和帝国主义瓜分世界（第二轮）相联系，而先后导致各种类型的战争以至两次世界大战。而第三轮经济全球化，却是在美国入侵越南战争和苏联入侵阿富汗战争先后失败后，“和平和发展”成为时代主题的条件下启动的。这种世界政治格局的历史性大变动，无疑为第三轮经济全球化创设了前所未有的有利条件。

但是事情的另一方面，则是这个第三轮经济全球化在美国主导和设计下，依然做着霸权主义的“美梦”，特别是在苏东剧变、冷战格局结束后。于是一个有趣的现象发生了。一方面，在和平和发展的时代主题下出现了世界格局多极化的趋势，促使经济全球化大发展；另一方面，美国为首的西方发达国家却又在体制和机制上，从经济到政治维持“一超独霸”格局。应当说，这是第三轮经济全球化发展过程中遇到的最为深刻的矛盾。

第四，这一轮经济全球化兴起和发展，还同新科技革命特别是信息革命的日新月异发展紧密相连。信息技术是在第二次世界大战时期出现的。战后，美国、俄罗斯、日本等工业化国家开始探索在民用领域运用信息技术。从1946年第一台真正意义上的电子计算机问世，发展到今天以计算机网络化为基础的信息高速公路开通，以及智能计算机的出现，意味着人类社会一步一步走向信息化。特别是20世纪80年代末90年代初互联网转入民用，不仅是科学技术领域的深刻革命，而且体现了人类文明的新觉醒，标志着人类文明正进到一个全新的时代。第三轮经济全球化之所以能够迅猛发展，互联网在其中发挥了极其巨大的推动作用。

2011年11月5日郑必坚访问柏林期间与德国前总理施罗德会见并合影。

当然，在这个重大领域，事情也还有另一方面。这就是发展中国家又遭遇到同经济全球化和社会信息化进步潮流完全悖反的发达国家技术封锁。与此同时，无论是西方发达国家还是发展中国家，又都遇到了网络治理问题上的严峻挑战。这又是第三轮经济全球化发展中遇到的又一重前所未有的特殊矛盾。

二、中国的战略抉择和新的伟大觉醒

面对第三轮经济全球化，我们中国共产党人如何观察把握和抓住机遇，能否迎接挑战、趋利避害，以利于中国特色社会主义伟大事业能够更好地乘势而起，这已成为关系我们事业成败全局的最重大背景和基础性问题之一。

我们在前面说到，曾经错失工业革命和第一轮经济全球化历史机遇的中国人，抓住第二轮经济全球化断裂之机起来革命，创立了中华人民共和国，之后又从20世纪70年代末80年代初以来，抓住了参与第三轮经济全球化的战略机遇，在中国特色社会主义道路上实现了历史性的跨越式发展。这就是中国在邓小平的领导下启动改革开放这一新的伟大革命。

中国共产党人以“面向现代化、面向世界、面向未来[①]”的全新思维，把中国的发展和世界范围的经济全球化连接了起来，从而打开了中国全新的发展局面。与此同时，中国共产党又注意到这一轮经济全球化两重性的内在矛盾及其对中国这样的发展中国家的挑战。正是在深刻总结历史经验和敏锐把握时代发展的基础上，党的十二大（1982年）、十三大（1987年）制定了“分三步走”基本实现社会主义现代化的发展战略。党的十六大（2002年），又作出了“紧紧抓住21世纪头20年这一重要战略机遇期”的重大判断，制定了到2020年全面建设小康社会的战略目标。这样，就形成了到中国共产党成立一百年时全面建成小康社会、到新中国成立一百年时实现中国的现代化这样“两个一百年”的战

① 邓小平：《为景山学校题词》，《邓小平文选》第3卷，人民出版社，1994年版，第35页。

略目标，尔后经过持续快速发展，在2010年成为世界第二大经济体。

回过头来看，这样一个伟大进程殊非易事——事非经过不知难啊！这里一个极为紧要的问题，就是怎样才能参与经济全球化而又趋利避害。根本因素有三条。一是清醒地作出了和平与发展是当今世界时代主题的科学判断，抓住了世界政治格局变动的历史机遇，制定了以经济建设为中心并在改革中坚持社会主义道路和共产党领导的基本路线，制定了独立自主的和平外交政策；二是清醒地作出了经济全球化是社会化生产发展的客观要求和必然结果的科学判断，抓住了新一轮经济全球化的历史机遇，制定了全方位对外开放和参与经济全球化，同时又注意防范风险的重大决策；三是清醒地作出了新科技革命日新月异发展是时代潮流的科学判断，抓住了信息化和网络化迅猛发展的历史机遇，制定了以信息化带动工业化、以工业化促进信息化，走出一条科技含量高、经济效益好、资源消耗低、环境污染少、人力资源优势得到充分发挥的新型工业化路子。

这三条根本战略估量和决策，集中起来，就是始终不渝走中国和平发展道路即中国和平崛起的发展道路，既要巩固长期革命、建设、改革的成果，又要在进一大步地参与经济全球化的新历史条件下更好地实现中国的社会主义现代化。这也就是中国共产党和中国人民在今天新的历史条件下，面对经济全球化的时代大潮所表现出来的新的觉醒。

这当然是一项艰难而又必须达成的战略抉择。

再进一步理解，这个战略抉择具有以下五个方面的特点。

第一，既要独立自主建设中国特色社会主义，又要积极主动参与西方发达国家主导的经济全球化。参与经济全球化的一个重大步骤和重要标志，就是加入“世界贸易组织”即WTO。为此，一方面要同以美国为首的西方国家进行艰苦的甚至是马拉松式的谈判；另一方面又要解决国内特别是党内在经济全球化问题上的不同认识。

回想20世纪90年代，这两方面问题都曾严峻地提到中国共产党面前。让我们先就后一方面问题即国内阻力来说吧。当时国内理论界有两种根本对立的意见。一种观点认为，中国应该关注经济全球化并参与经济全球化，争取加入WTO。另一种观点则认为，中国决不能参与经济全球化，不能加入WTO，因为经济全球化是由发达国家首先推动起来并由他们主导的，尤其是1997年亚洲金融危机证明发展中国家在经济全球化下难以维护自己的经济安全。

以江泽民为核心的第三代中央领导集体充分听取了各种不同的观点，经过深思熟虑，作出既参与经济全球化又趋利避害的重大决定。江泽民当年这样说：“经济全球化作为世界经济发展的客观趋势，是不以人们的意志为转移的，任何国家也回避不了。”“同时，又要对经济全球化带来的风险保持清醒的认识，坚持独立自主，加强防范工作，增强抵御和化解能力，以切实维护我国的经济安全，更好地发展壮大自己。”①

回想当年之难，一是在我们党内和党外都有一个传统观念的

① 江泽民：《当前的国际形势和我们的外交工作》，《江泽民文选》第2卷，人民出版社2006年版，第201页。

影响；二是各个部门和地方都有实际利害的考虑，比如怕降低进口商品的关税；三是经验和能力不足，从来没有同 WTO 等国际经济组织打过交道；四是确有风险，特别是我们的传统农业和刚起步的某些工业确有风险；五是在一些领导干部中尚未形成战略眼光特别是缺乏对国内国际两个大局的正确把握；六是对于国际关系特别是对美关系的认识也不完全一致。也正因此，当年党中央决策加入 WTO，参与经济全球化时，从学者到领导干部都有不同意见。党中央还为此在中央党校举办省部级主要领导干部专题研讨班，组织研读有关 WTO 的文件和知识，以利统一思想。

由此也可以看到，走中国和平崛起的发展道路，决不只是对外方针，而是对内对外方针的统一；决不只是经济的增长，而是经济社会发展的统一；决不只是科学技术的创新和经济体制的变革，而是市场经济、民主政治、科学技术、人口素质变革的统一。或者再说得彻底一点，就是中国社会在 21 世纪上半叶的又一次伟大变革和伟大改造！

第二，必须超越旧式工业化道路，走出一条新型工业化即工业化加信息化的现代化道路。

近代产业革命以来，全世界用了 250 年时间，才使 15 亿人口进入工业化社会。而中国却要从新中国成立到本世纪中叶的 100 年间，把 15 亿人带入“以信息化带动工业化，以工业化促进信息化”的新型工业化。①

显然，不让这样一个人口大国跟上人类文明前进的步伐而发

① 江泽民：《全面建设小康社会，开创中国特色社会主义事业新局面》，《江泽民文选》第 3 卷，人民出版社，2006 年版，第 545 页。

展起来是不可能的，而如果再要走高投入、高消耗、高污染的旧式工业化道路也是不可能的。特别是，中国的现代化面临资源短缺、环境污染、社会建设滞后三大挑战。所以，中国下决心在工业化加信息化的基础上，走出一条科技含量高、经济效益好、资源消耗低、环境污染少、人力资源优势得到充分发挥的新型工业化道路。中国的方针是，坚持发展为第一要务，全面建设小康社会。围绕这个中心，一要深化改革，继续推进经济、政治、文化体制的全面改革；二要统筹兼顾，统筹城乡发展，统筹区域发展，统筹经济社会发展，统筹人与自然和谐发展，统筹国内发展和对外开放；三要可持续发展。

第三，又必须走出一条同西方发达国家和苏联那种依靠争霸起家的行径都不同的崛起道路。

近代以来大国争霸的历史反复说明，一个大国的崛起，往往导致国际格局和世界秩序的急剧变动，甚至引发大战。这里一个重要原因，就是它们走了一条依靠发动侵略战争，实行对外扩张的道路。而这样的道路，又总是以失败告终。中国当然不能走这样的道路。作为维护世界和平与稳定的坚定力量，中国坚决摒弃那种依靠发动战争打破原有国际体系、依靠集团对抗以争夺霸权的老路，而主张通过改革即国际关系民主化的途径，不争霸、不称霸、不当头，也不当附庸，逐步建立国际政治经济新秩序这样一条新路。这样，就能够既超越那种旧式工业化道路所必然带来的争夺资源大拼杀的旧路，又超越那种由于意识形态差异而拒绝和平、发展、合作的冷战思维。而且，正是在参与经济全球化进程中，可以通过世界市场引进各种资源包括能源，把国内和国际两个市场、两种资源充分调动起来，而不必走对外侵略、掠夺的崛起之路。也在这个意义上，还可以说是经济全球化成全了中国和平崛起。

当然，中国作为发展中国家，深知推进现代化所需要的大量资金、技术和资源，需要通过平等、互利的竞争从世界市场获得，但又不能过于依赖世界市场。因此始终注意在大胆开放的同时，坚持依靠自己的观念更新和体制创新，依靠自己的产业结构调整，依靠开发越来越大的国内市场，依靠把庞大的居民储蓄不断转化为投资，依靠更广和更深地开发人力资源即提高国民素质和加快科技进步，这样“五个依靠”，来解决发展中的问题。因此，我们完全有理由说，中国和平崛起的发展道路，是同西方发达国家和前苏联都不同的独特的现代化发展之路。

第四，从中国共产党的基本立场、观点和方法来看，中国和平崛起的战略道路全面体现了“什么是社会主义、怎样建设社会主义”这一基本问题上的根本指针。

正如邓小平明确指出的，我们建设的社会主义，是“发展生产力的社会主义，是主张和平的社会主义”。在今天以和平与发展为主题的时代条件下，中国人旗帜鲜明地坚持这条道路，这就同当年苏联打着“共产主义”旗号的霸权主义划清了界限，在全世界树立共产党人和社会主义的新形象。

第五，归根到底，和平崛起本身就是一个时代潮流。以第三轮经济全球化 40 年发展为大背景，出乎这一轮经济全球化主导者美国的战略估量之外，呈现出几大变化：一是，苏联解体、东欧剧变，世界并未因此归为资本主义一统天下的所谓“历史终结”；

二是，中国积极参与经济全球化，但是并未“融入全球化”，更未“全盘西化”；三是，由此延伸，40 年走下来，美国现衰势而中国崛起成为世界第二大经济体；四是，当今世界走向和平崛起的不只是中国一家，而是一批发展中国家共同和平崛起。；讲到一批发展中国家共同和平崛起，事情就是这样，和平崛起的中国只是和平崛起的亚洲的一部分；而亚洲特别是东亚、南亚的和平崛起，已经和正在为世界经济的发展提供强大动力。从世界三大经济区的比较来看，以“10+3”为核心的东亚经济区，在全球区域化发展中占有最具潜力的增长优势。同时，亚洲还拥有世界上最广大的人口和最具活力的新兴市场。中国、印度、东南亚和其他南亚国家的总人口，加在一起约 30 亿，占世界总人口的 50% 左右，占发展中国家人口的 65% 左右。这既是解决当代世界发展问题的最主要部分，又是具有巨大发展潜力的新兴市场。亚洲加速发展，实现和平崛起，就为解决当代世界和平与发展的最大难题提供了可能性。

此外，亚洲特别是东亚和南亚的和平崛起，又为世界上不同制度和不同文化的国家与地区的和平共处，提供了新的经验和新的模式。1979 年以来发生的一系列非传统安全危机表明，在我们东亚国家之间客观存在的多种形式的合作关系，已经、正在和将要超越东亚各国的社会制度、意识形态差异。当然不可否认，这个地区还存在的种种热点问题和历史纠葛。但是我们相信，东亚地区的政治家和人民有足够的智慧，通过协商一致而不是强加于人，弥合分歧而不是制造事端，联合自强而不是损人利己来求得解决。还应当指出，这种地区合作并不排斥美国和欧盟等在亚洲的利益。相反，在妥善相处条件下，美欧将从中国崛起和东亚区域合作中获得越来越多的利益。中国和亚洲的和平崛起为国际社会提供了愈益广阔的市场，其中就包括也为美国及其他发达国家创造了愈益广阔的市场。

我们高兴地看到，21 世纪上半叶的世界，一大批发展中国家正以不同途径、模式和进度走向和平崛起；与此同时，发达国家也在新一轮现代化中谋求新的重大再发展。放眼欧亚大陆两端，东亚、南亚和欧洲崛起的势头正如日中天，这是当代世界和平发展的一个重大新趋势。我们应当热烈欢迎它。

说到这里，让我们再回过头来，用几页篇幅专门介绍一下，中国为加入 WTO 而对西方国家特别是美国，所进行的艰苦的甚至是马拉松式的交涉过程。

这一交涉工作在 1995 年 11 月即已启动。而在这之前，中国政府在 1986 年 1 月就已经提出，希望恢复中国在世界贸易组织（简称世贸组织，WTO）的前身关税和贸易总协定（简称关贸总协定，GATT）中的地位，并进行了长达 9 年的谈判。为加入世贸组织，中国相关部门先同美国进行了 10 轮双边磋商，然后于 1996 年 3 月去日内瓦同世贸组织和它的成员进行双边磋商。到 1997 年 10 月、11 月，同世贸组织绝大多数成员基本结束了双边市场准入谈判。但是同美国的谈判最为艰巨，这里让我们看看同美国交涉过程的时间表吧：

1997 年 10 月，国家主席江泽民应邀访美，在同克林顿总统的联合声明中申明加快中国“入世”谈判。

1998 年 6 月 17 日，江泽民接受美国记者采访时提出中国“入世”三原则:（1）世贸组织没有中国参加是不完整的。（2）中国毫无疑问要作为一个发展中国家加入世贸组织。（3）中国的“入世”是以权利和义务的平衡为原则的。

1998年11月16日，江泽民和美国副总统戈尔在APEC吉隆坡会议上会晤时，双方都表示希望在1999年早些时候结束中美双边谈判。

1999年3月3日，中美高级贸易代表团就降低关税、进一步敞开农业、电信、金融和保险市场问题，谈判至深夜。

3月15日，朱镕基总理在中外记者招待会上说:“中国进行复关和入世谈判已经13年，黑头发都谈成了白头发，该结束这个谈判了。现在存在这种机遇。第一，世贸组织成员已经知道没有中国的参加，WTO就没有代表性，就是忽视了中国这个潜在的最大市场。第二，中国改革开放的深入和经验的积累，使我们对加入世贸组织可能带来的问题提高了监管能力和承受能力。因此，中国准备为加入世贸组织作出最大的让步。”

1999年4月13日，克林顿与朱镕基通过电话达成一致：双方应进行紧张的谈判来解决中美关于中国加入WTO会谈中的遗留问题。

1999年9月11日，江泽民与克林顿会晤时说，中方对加入世贸组织一直持积极态度，中国加入世贸组织不仅是中国经济发展和改革开放的需要，也是建立一个完整开放的国际贸易体系的需要。我们希望谈判能在平等互利的基础上进行，争取早日达成协议。克林顿表示，美国支持中国尽早加入世贸组织，希望尽快地结束同中国的谈判，希望双方能为此进一步努力。这样，才在

1999年11月15日中美双方就中国加入世贸组织达成协议。这意味着中国与美国就此正式结束双边谈判。

2001年6月14日，即中美于1995年11月启动谈判的五年半之后，中美就中国加入世界贸易组织的若干遗留问题的解决也达成了全面共识。

2001年9月12日至17日，世贸组织中国工作组第18次会议在日内瓦举行，此次会议通过了中国加入世贸组织多边文件，提交总理事会审议。会议宣布结束中国工作组的工作。

2001年11月10日，在多哈召开的世贸组织第四次部长级会议，审议并表决中国加入世贸组织。

2001年11月11日，中国外经贸部部长在多哈签署了中国加入世界贸易组织议定书。议定书规定了中国作为世贸组织成员的权利和义务。

2001年11月20日，即中美于1995年11月启动谈判的整六年之后，世贸组织总干事迈克尔·穆尔致函世贸组织成员，宣布我国政府已于2001年11月11日接受《中国加入世贸组织议定书》，这个议定书将于12月11日生效，中国于12月11日成为世贸组织第143个正式成员。

9年"复关"谈判，加上6年"入世"谈判，中国为参与经济全球化共花了15年时间。

这张"时间表"，生动具体说明了中国参与经济全球化，实在来之不易。而直到今天的实践又证明，中国在加入WTO，参与经济全球化后，赢得了10年快速发展的机遇。在共产党领导下，经过全体人民的艰苦奋斗，独立自主地建设中国特色社会主义，迅速成为世界第二大经济体。同时，由于我们有防范风险的思想准备和“趋利避害”的对策，在参与经济全球化过程中不仅没有发生当时最担心的经济安全问题，还在国际金融危机发生后进入20国集团，参与了全球经济治理。

那么，在改革开放中走出了一条和平崛起发展道路的中国，对世界有什么意义呢？

第一，中国的稳定，就是一种贡献。邓小平曾经多次强调，如果中国这样13多亿人口的大国不能保持稳定，难民不是百万、千万而是成亿地往外面跑，那可是世界性的灾难！任何一位负责任的政治家都必须认真对待这个问题。中国在大变革中保持稳定，这本身就是对世界、对人类负责任的郑重态度和重大贡献。

第二，中国改革和发展，更是一种贡献。这不仅使中国对世界各国提供的商品更多，而且使中国对世界提供的市场也更大；不仅有利于中国繁荣，也有利于一切参与中国市场竞争的国家的繁荣。

第三，中国作为世界上负责任的大国和维护世界和平的坚定力量，对世界的和平和发展，也是重大贡献。联系历史来看，中国不是冷战思维的始作俑者，相反是冷战思维的受害者，因此更希望摒弃那种同时代的主题不相吻合的思维方式和行为方式。中国曾经几代人饱受列强威胁和凌辱之苦难，因此反对别人威胁我们，更不愿威胁别人。

附带再说一下，近代以来，中国因为没有赶上欧美工业革命的“班车”而落后、挨打，过去那种把外国视为“蛮夷”的自大心理受到了历史的嘲笑和惩罚。那么今天，某些西方人士由于长期习惯于中国贫弱而竟然不能容忍中国振兴，竟然把中国人日子好过一点视为“威胁”，这难道不也是一种落后于时代的自大心理，是否也应反省呢？

说到这里，让我们再从“马克思主义中国化”的高度来思考一下。应当说，过去我们从中国的基本国情出发，领导人民开辟出一条农村包围城市的独特革命道路，是马克思主义中国化的伟大觉醒；今天从国内国际两个大局出发，敢于面对经济全球化大潮，坚持在改革开放中走和平崛起的发展道路，又是马克思主义中国化的伟大觉醒。

三、“和平”应对“中国威胁论”，“崛起”应对“中国崩溃论”

在经济全球化迅猛推进的现时代，我们始终不渝走中国和平崛起的全新战略道路，既体现了中国共产党人善于抓住机遇的智慧，又体现了中国共产党人敢于应对挑战的勇气。

需要再次说明的是，我们所讲的“中国和平崛起的全新战略道路”，同我们常讲的“中国和平发展道路”，在本质上是一回事。在我的著作和演讲中，这两个提法也常常是通用的。如果说有所区别，我也多次说过，“和平崛起的发展道路”，指的是中国从启动改革开放到21世纪中叶实现社会主义现代化这样一段特定历史时期的特点；而“和平发展道路”，则是泛指整个中国特色社会主义很长很长历史时期的，通过和平来促进发展、通过发展来维护和平这样的鲜明特点。

说到这里，还要顺便讲清一个问题——“中国和平崛起”既体现了“中国和平发展”的本质，又针对世界范围此起彼伏的“中国威胁论”和“中国崩溃论”，展现了“中国和平发展”在当今最鲜明的时代特点。

2005 年郑必坚访问美国期间与时任美国总统小布什在白宫会见并合影。

小布什在出任美国总统之初，曾经把中国作为战略竞争对手。尤其在“9·11”事件发生之前，美国国内围绕如何面对中国的崛起问题出现了“红队”与“蓝队”的激烈辩论。美国朝野人士对中国作为后起大国的快速崛起，既有认同，也有担忧。在这种背景下，国际舆论中“中国威胁论”“中国崩溃论”此起彼伏，对我们在改革开放中和平崛起的发展态势提出种种质疑。比如美国的伯恩斯坦和芒罗在《即将到来的美中冲突》中，大肆鼓吹中国对美国的所谓“威胁”，其理由是：（1）中国这个全球人口最多的国家是一个“潜在的超级大国”；（2）不消若干年中国的经济将是全世界最庞大的；（3）中国军事现代化进程也在加速进行；（4）民族主义情绪高涨；（5）称霸亚洲已成为中国努力追求的目标，而且在今后10年或20年里，中国在太平洋一侧独霸一方看来已成定局。这可以看作，美国一部分人心目中的中国形象和中国崛起的标志。他们的结论是什么呢？“其结果是，中美之间发生冲突，甚至导致两国之间的军事对抗。”这就是“中国威胁论”及其反题“中国崩溃论”的由来。

需要指出的是，我们讲中国走出了一条和平崛起的发展道路，“和平”应对的是“中国威胁论”，“崛起”应对的是“中国崩溃论”。这个问题，早在2004年4月22日领导部门讨论我们呈报的研究报告时，就已经明确指出过。

首先来讨论“中国威胁论”。

这种论调由来已久。中国开展大规模的社会主义建设特别是改革开放以来，每当我们在建设和改革中取得一点新的成就的时候，就有人鼓噪“中国威胁论”。进入21世纪以来，最新的说法则是所谓“修昔底德陷阱”。

修昔底德（希腊文 Θουκυδίδης 英文 Thucydides）是古希腊历史学家。他的主要著作是《伯罗奔尼撒战争史》。这部著作的各个部分上下衔接、首尾相连，有严密的逻辑性，记述了修昔底德对当年希腊两个强国斯巴达和雅典之间战争的历史，即伯罗奔尼撒战争的历史。公元前5世纪，雅典的迅速崛起震惊了伯罗奔尼撒半岛的陆地霸主斯巴达。斯巴达人因恐惧而作出强烈反应，双方从竞争走向对抗、酿成冲突，进行了长达30年的战争，最后两败俱伤。修昔底德在书中这样总结：“在这次战争刚刚爆发的时候，我就开始写这部历史著作，相信这次战争是一个伟大的战争，比过去曾经发生过的任何一次战争都更有记载的价值。我的这种信念是依据下列事实得来的：双方都竭尽全力来备战；同时我看到希腊世界中其余的国家，不是参加了这一边，就是参加了那一边；即使那些目前还没有参战的国家，也正在准备参战。这是希腊人历史上最严重的一次大动乱，同时也波及大部分非希腊人的地区，可以说，几乎全人类都将蒙受其影响”。所谓“修昔底德陷阱”，强调的就是，老大、老二两个大国的战略判断与感情好恶的致命结合，会导致健康的竞争变成你死我活的敌对，甚至导致战争。

人们记住了这件事，并且发现，自1500年以来，一个新崛起的大国挑战现存大国的案例共有16例。其中发生战争的有12例，显著例子之一就是德国。1914年和1939年，德国和英国的矛盾导致了两次世界大战。还有一个则是亚洲的日本。“明治维新”后迅速崛起，一股劲要确立以日本为中心的亚洲秩序，最终爆发了日本以反对西方列强为名而侵略亚洲其他国家的太平洋战争。因此，在许多人看来，“修昔底德陷阱”是一个难以摆脱的魔咒，新崛起大国必然要挑战现存大国，而现存大国也必然回应这种威胁，战争不可避免。今天许多人谈论“修昔底德陷阱”，关注的当然不是历史，而是所谓“中美必有一战”。

事实上，我们在提出“中国要走和平崛起的发展道路”时，就强调这是一条不同于历史上后兴大国崛起的全新的发展道路，就强调中国将突破历史上“国强必霸”的陈旧思维方式，就强调

2013 年 11 月在北京举办的第一届“读懂中国”国际会议会场。

一个强大起来的中国对世界不是威胁而是机遇。党的十八大以来，2014 年 1 月 22 日，美国《世界邮报》创刊号刊登了中国国家主席习近平会见出席“读懂中国”国际会议外方嘉宾时的谈话。正是针对中国迅速崛起后必将与美国这样的旧霸权国家发生冲突的担忧，习近平这样说，我们都应该努力避免陷入“修昔底德陷阱”，强国只能追求霸权的主张不适用于中国，中国没有实施这种行动的基因。这是因为，中国的崛起是“和平崛起”，不会同美国发生战争，之所以中国能够做到“和平崛起”，更是因为中国人的价值观信奉的是“和为贵”“己所不欲，勿施于人”；特别是中国已经在经济全球化中同包括美国在内的各国形成利益共同体和命运共同体。中国和美国，和则两利。因此，高举“和平”的旗帜，信奉“和平”的信念，遵循“和平”的法则，坚持用“和平共处五项原则”处理同美国和其他国家的关系，是对“中国威胁论”的最好回答。

2017 年 12 月 20 日郑必坚在国家创新与发展战略研究会会见美国哈佛大学肯尼迪政府学院首任院长艾利森。

附带说一下，2017 年 12 月 20 日，我在北京同“修昔底德陷阱”的提出者，美国哈佛大学肯尼迪政府学院首任院长艾利森教授作了坦诚的交谈。艾利森解释，他并非鼓吹“中美必战”，而是表达对此的担忧。我对此表示理解，同时指出，中美交过手——朝鲜战争和越南战争，中美两家都知道这种交手的分量。而且也正是在越南战争结束、美国撤出越南之后，“和平和发展”才成为时代主题。至于我的看法，中美关系无非三种可能。一是“终归要好起来才行”，这是邓小平当年在同美国总统特使斯考克罗夫特将军谈话中指出的；二是“好也好不到哪里去，坏也坏不到哪里去”，这是外交界常说的一句话；三是“必有一战”，叫作“修昔底德陷阱”。我还说，第一种最好，也有实际可能，我们双方都应努力争取；第二种过得去，无非是拖；第三种一定要尽力避免。但是如果美国人一定要打，中国人只好奉陪到底，这也是一条历史经验嘛。

其次来讨论“中国崩溃论”。

“中国崩溃论”这种声音更是由来已久，可以说从新中国成立以来，这种声音就没有中断过，中国改革开放以来也不时出现。过去唱衰中国，主要讲中国的政治体制不是多党制，人民没有自由和人权，经济没有活力，共产党的政权必定会“崩溃”。现在除了继续在政治上唱衰中国，又有了新的版本和新的依据，这就是中国经济经过快速发展阶段后，现在已经陷入“拉美陷阱”或“中等收入陷阱”，所以共产党的政权迟早要崩溃。

我认为，事实也已经回答了这种论调。所谓“拉美陷阱”，指的是20世纪70年代巴西等拉美国家在民族独立后兴起了现代化高潮，而他们在现代化特别是城市化进程中，出现了失业人口较多、贫富不均、两极分化和环境恶化、公共服务不足等社会问题。随之而来的就是犯罪活动、暴力活动和各种骚乱事件增多，社会治安状况恶化，从而影响了经济的发展。如今，几十年过去，拉美大部分国家还在徘徊，似乎掉进了陷阱爬不出来。这种现象，被学者们称为“拉美陷阱”或“中等收入陷阱”。世界上几乎所有的后发现代化国家，都十分重视这个现象，把它作为发展中国家现代化的前车之鉴。

那么，中国的事情如何呢？基本事实是，中国人均GDP已经超过8000美元，并没有掉入“中等收入陷阱”。当然，中国共产党同时清醒体察，中国在快速现代化进程中确实也出现了一些失衡问题，包括社会成员之间收入不平衡，地区之间发展不平衡，经济和社会之间发展不平衡。这些问题，同中国历史上长期形成的矛盾和问题有关，也同改革开放以来出现的新情况有关。但是总的来说，这些“不平衡”和“差距扩大”，并不是如有些人所说的“两极分化”。所谓“两极分化”是富者愈富、穷者愈穷，而我们在改革开放中出现的“不平衡”和“差距扩大”，则是各个群体的人们总体收入都有提高而提高程度不同的问题。关键是，我们党和政府十分重视并一直致力于解决这些问题，在一部分人先富起来的同时，在城市制定了“低保政策”，在农村坚持不懈地实行“脱贫”、“减贫”政策。特别是党的十八大后，在以习近平为核心的党中央领导下，实施脱贫攻坚工程，精准扶贫、精准脱贫，确定了到2020年“在我国现行标准下农村贫困人口实现脱贫、贫困县全部摘帽、解决区域性整体贫困”的宏伟目标和每年减贫1000万人口的任务。与此同时，实行区域协调发展、以人为中心的新型城镇化、增加全社会公共服务供给等一系列重大决策，为避免“拉美陷阱”作出了不懈的努力。

习近平总书记在2015年12月18日中央经济工作会议上，明确指出：“我们要注意跨越‘修昔底德陷阱’、‘中等收入陷阱’。前一个是政治层面的，就是要处理好同美国等大国的关系。后一个是经济层面的，就是要提高我国经济发展的质量和效益。”[①]后来他还说过“国际上特别是拉美国家的教训表明，民粹主义是造成‘中等收入陷阱’的根源。它有两个突出特点，一是政治上搞盲目民主化，意见纷杂，无法集中力量办大事；二是过度福利化，用过度承诺讨好民众，结果导致效率低下、增长停滞、通货膨胀，

① 习近平：《围绕贯彻党的十八届五中全会精神做好当前经济工作》，《习近平总书记重要讲话文章选编》，党建读物出版社、中央文献出版社，2016年版，第304页。

收入分配最终反而恶化。我们要坚持从实际出发，收入提高必须建立在劳动生产率提高的基础上，福利水平提高必须建立在经济和财力可持续增长的基础上。”[①] 习近平总书记这些论述，不仅提出了中国避免“两个陷阱”的基本思路，也从根本上阐明了中国为什么必须坚持走和平崛起的发展道路。

四、从来就是“两重性”——走着曲折道路的历史

“两重性”是一个重要概念，应成为我们观察问题的一个重要方法。比如我们现在讨论的经济全球化，就有“两重性”，而且以美国等西方发达国家为主导的经济全球化更有“两重性”。

首先，对于诸如经济全球化会否再次失控甚至更加严重地失控，南北差距严重扩大还会造成何等严重恶果，以及美国霸权动向和种种局部严重冲突等等问题，我们都要有充分的精神准备。这里姑且不论政治和军事方面，而仅就经济方面来说。进入21世纪，经济全球化在科技推动下肯定还将加速发展，但美国的控制力则肯定将进一步削弱。美国和西方发达资本主义国家主导下的国际经济矛盾不可避免地将进一步深化、激化，并随着经济全球化而导致新的动荡和混乱。首先一个大问题，就是国际金融和经济发展的不稳定性将会增加。你看虚拟经济的增长，越来越背离实体经济，这就不可避免地会带来无法预测的风险。自20世纪

① 习近平：《围绕贯彻党的十八届五中全会精神做好当前经济工作》，《习近平总书记重要讲话文章选编》，党建读物出版社、中央文献出版社，2016年版，第325页。

80年代初以美国为首的西方国家放松对金融业的管制以来，大量私人资本跨国流动，汇率起伏频仍，这又使各种金融衍生工具应运而生。诺贝尔经济学奖获得者罗伯特·芒德尔作了这样的估量：“当前世界繁荣面临的最大危险，来自美元、欧元和日元三者之间的汇率大起大落。”还要估计到美国、欧洲和日本的股票市场的资本加起来将近几十万亿美元，而发展中国家主要股票市场资本总计不到两万亿美元。这20比1的悬殊实力对比，就是可能发生系统性危机的又一个重要原因。美国资产调配中只要拿出百分之一，就足以打倒许多新兴股票市场，导致资产泡沫和严重动荡。所以，世界银行也在它的《全球发展金融展望》报告中警告说，未来十年内，“流向新兴市场国家的资本可能再次出现高潮，与此相伴的将是金融市场高度动荡和潜在的危机。”

有鉴于以上种种，我们对经济全球化的基本态度，就是清醒地看待和把握它的两重性——确有风险，但又确有我们可加以利用之一面。我虽仍处弱势，但已具备相当实力基础；同时，经济全球化气候已成，不参与反而会更加落后。因此，主动参与，趋利避害，因势利导，乘势而起，这才是正确的方针。

至于我们自己的事业，包括中国特色社会主义伟大事业在社会主义初级阶段上所面临的种种特殊复杂性问题，也要有充分的精神准备。所谓社会主义初级阶段，就是不发达阶段。正因为不发达，所以我们在此阶段上所担负的使命就具有特殊复杂性，具有“双重使命”。

比如说，既要通过以社会主义市场经济为取向和促进公有制为主体、多种所有制经济共同发展的经济体制改革来解放生产力，又要促进社会公正，走共同富裕道路。

又比如说，既要推动发展城市化、又要反哺和振兴农村；既要支持东部继续率先发展，又要加大支持中西部地区和东北地区老工业基地发展的力度；既要继续鼓励一部分人先富起来，又要更好地关注低收入群体；既要继续讲求效率，又要更加注重社会公平；既要加快发展，又要保护环境，如此等等。

你看，这些问题的两个方面，在本质上是统一的，但在这样那样具体问题上又可能是有矛盾的；在长远发展上是统一的，在发展过程的一定阶段上又可能是有矛盾的。即是说，都不能只顾一方面而不顾另一方面，所以叫作“两难”，而且都只能放在一个较长过程当中才能逐步解决。而这就要求我们清醒把握问题的两重性和长期性，并且把握好处理问题的“度”。

这也就是说，我们一定不要把“双重使命”对立起来，而要力求统筹兼顾；我们也一定不要设想一蹴而就，而要尽可能在妥善处理当前问题的同时，把人们引导到理解问题的两重性和过程的长期性上来，尤其要把人们引导到继续致力于解放和发展生产力上来。归根到底，只有通过改革不断解放和发展生产力，才是真正能够保证实现这个“双重使命”的最根本、最重要的物质前提。偏离解放和发展生产力这个中心，偏离党的聚精会神搞建设、一心一意谋发展的根本方针和路线，不仅一切无从谈起，而且会把事情搞乱。在我们这样一个13亿多到15亿人口的发展中大国，对于这样至关重要的全局性问题、战略性问题，尤其不可掉以轻心。

还必须认识到，我们正在致力于推进的现代化大业本身就承担着一项世界历史上从未有过的“双重使命”。这就是，我们既要继续完成发达国家早已完成的传统工业化，又要以信息化带动工业化，赶上从20世纪70年代开始且至今方兴未艾的现代科学技术新的“伟大的革命”。由此而来的特殊复杂性，则是我们面对双重的历史性挑战：第一，面对资本主义由18世纪中叶起到20世纪中叶这200年间，所实现的以大机器工业和电气化为特征的产业发展的挑战；第二，面对资本主义由20世纪70年代开始而方兴未艾的，以信息技术、生物工程和新材料、新能源等等为特征的新技术革命的挑战。所以，我们不但要急起直追，缩短和消除过去两三个世纪至少一个多世纪所造成的差距，完成工业化；而且要奋力跃入新技术革命洪流，向着21世纪中叶的新的现代化水平前进。

这也就是说，中国在21世纪上半叶所要解放和发展的生产力，不能仅仅复制旧发展方式下“钢铁文明”“机械文明”那样水准的生产力，更不应一股劲重复旧发展方式下那种资本、技术排挤劳动的道路。而应是把产业升级、设备更新、核心技术创新和整个创新活力之解放，提升到信息化带动工业化和生态文明的水准和境界；与此同时，又应是把在资本、技术和劳动更好结合基础上的创业活力之解放，提升到能够在我们这样十几亿人口大国实现持续充分就业的水准和境界。

说到这里，我要重复地强调，由以上所说当代中国最基本国情所决定的两大“双重使命”，就其广度、深度和关系如此众多人口生计和发展的影响而论，这可是世界近代以来一切大国工业化、现代化历史上从未有过的，更是世界社会主义国家历史上从未有过的。

总之，事业的伟大和艰难要求我们，既要有马克思主义的胆略和勇气积极主动参与经济全球化，又要有马克思主义的清醒和智慧应对经济全球化发展过程中已经出现的和可能出现的挑战和风险。只有这样，我们才能在同经济全球化相联系而不是相脱离中，独立自主地建设中国特色社会主义，走好中国和平崛起这条全新的战略道路。

第四章

第三轮经济全球化的两重性发展

谁也没有想到，第三轮经济全球化经过 40 年发展，在世界一些大国中会出现一股让人惊愕的逆全球化思潮，“经济全球化向何处去”会成为一个全球范围的热门话题。这个问题是怎么发生的？问题的症结在哪里？能不能因此而全盘否定经济全球化？这是我们在这里要讨论的。

一、当今世界正经历一场关于经济全球化前途命运的历史性大辩论

提出“经济全球化向何处去”这个问题，是因为，当今世界，一场关于经济全球化命运问题的大辩论正在展开。这也可以叫作21世纪第二个10年世界范围某种特殊形态的“诸子百家”吧。

“诸子百家”这个词，本来是专指中国古代春秋战国时期，就当时中国社会向何处去而展开的那场很长时期的论战。可以说，那是中国历史上第一次意义极为重大的“诸子百家”。看来，世界历史也是如此。第一轮经济全球化和第二轮经济全球化兴起之时，都曾经爆发各家各派参与的历史性大辩论。马克思、恩格斯和列宁都曾经先后参与了这样的大辩论，历史已经证明他们的观察是极其深刻的。到了当代，第三轮经济全球化兴起之际，即20世纪80年代前后，也曾爆发过历史性大辩论，包括数万人抗议经济全球化的大规模示威行动。在中国，也围绕要不要参与经济全球化进行过热烈的讨论。而当前的最新态势是，一场关于经济全球化命运的大辩论又正在全球兴起。

远的不说，我们只要看一看2016年美国大选和2017年法国大选，以及欧洲其他国家的公投、辩论等等事件，就可以明白了。2016年和2017年发生的这些重大事件，已经写在历史上，它们曾经吸引了多少人的眼球啊？大选期间，大新闻固然是谁能当选总统，但是更让人关注的，是那些国家政治家和选民表达出来的政

治情绪和政治倾向。这些情绪和倾向已经构成了“思潮”。其中最引人注目的，就是一股前所未有的逆全球化思潮。

本来，美国大选中两位总统候选人发表的各种各样政策主张，都是他们的内政，我们无需进行评论。但是，当选总统特朗普在竞选时发出的声音，传递给人们的一个强烈信号是：“美国要转向了”。世界所有国家，特别是美国的盟友，都接受了这一信号，反响之强烈前所未有。特别是全世界都已经注意到，特朗普的种种政策主张，不只是对美国内政的看法，而且涉及一个重大的全球性问题：经济全球化向何处去？

长期来，通过经济全球化来维护美国在全球的霸主地位，可以说是美国的一项基本国策。而经济全球化最基本的特点，就是贸易自由化。世界上许多学者都注意到，美国国策的变化集中在对贸易自由化的看法上。当然，世界上许多学者同样已经注意到，这种变化并非始于特朗普。2008 年由美国次贷危机引发的全球金融危机爆发后，各国经济陷入持续下行而复苏乏力的困境，许多国家在政策上即已转向保护本土经济，或者转向区域合作、双边合作。特别是美国从 2008 年到 2016 年采取了 600 多项贸易保护措施，仅 2016 年就推出了 90 项措施，平均每 4 天推出一项保护本国经济的措施。因此，美国出现特朗普现象不是偶然的，只不过是美国社会内部相当长时间以来存在的对贸易自由化的忧虑、恐惧和排斥情绪的集中反映。

除了美国，欧洲也出现了这种现象。欧洲主权债务危机发生后，欧洲各国也面临着这样的困境：欧洲一体化利益和本国利益之轻重权衡。而中东难民大规模涌向欧洲后，这股难民潮进一步加剧了欧洲的困难和分化。先是英国脱欧公投，尔后意大利公投，反映出欧洲民意的转向。尽管欧洲还不会马上发生逆全球化的全局走向，但这种思潮在欧洲的影响已经不可小看了。2017 年法国大选，又一次吸引了全球的眼球。马克龙和勒庞分别以 24.01% 和 21.30% 的得票率从 11 名候选人中胜出，杀入大选"总决赛"。在经济全球化问题上，马克龙支持全球化自由贸易；勒庞则表示，自己若当选总统将拒绝国际贸易协定、废除欧元，通过实行"明智的保护主义"让法国企业受益，甚至不排除发起脱欧公投。最后，马克龙赢得了这场大选的胜利，让整个欧洲和世界松了一口气。但是，勒庞及其所代表的民粹主义和反全球化主张在法国居然具有这样大的影响力，也引起国际社会的注意。

美欧爆发的这场大辩论，涉及他们国内和外交政策的方方面面，但聚焦点始终是如何看待经济全球化以及与此相联系的国家安全问题。

二、怎样评价美国设计和主导的第三轮经济全球化?

我们已经介绍过，第三轮经济全球化是美国为首的西方发达国家主导的，利弊功过引起广泛的讨论；由此又引出了关于经济全球化命运的问题。这场关于经济全球化的历史性大辩论，涉及两个基本问题：一是怎样评价过去近 40 年的第三轮经济全球化；二是怎样估量这一轮经济全球化的前途和命运。在这里，我们先就第一个基本问题作一点讨论，也就是：怎么评估美国设计和主导的第三轮经济全球化？

对于第三轮经济全球化，可以作两重性分析。一方面，作为一种经济运行方式的经济全球化，它是社会化生产发展到一定阶段的客观要求和必然结果。另一方面，总体而言，它又是在美国作为唯一超级大国设计、主导并且从中获得暴利条件下运转的。因此，它对于发展中国家是一把“双刃剑”，对于发达国家也同样具有两重性。

在第二次世界大战中，美国与苏联、欧洲各国、中国不一样，本国国土基本上没有遭受战争破坏。在战后形成的美苏对峙的东西方冷战格局下，美国通过实行“马歇尔计划”，在帮助欧洲重建过程中确立了美国的领导地位。而在苏联解体、两极格局终结后，美国更成为唯一超级大国。这就使得美国在二战结束后新一轮即第三轮经济全球化中成为“领头羊”，具有其他任何国家都没有的优势。且不说军事优势，单就经济优势而论：一是美国在战后特别是新科技革命中形成的新生产力，聚集了一批以信息技术为代表的高科技产业和经过改造的传统产业（包括汽车、钢铁等）。二是美国在战后建立的“布雷顿森林体系”以及后来的货币体系改革中，确立了美元为实际上的世界货币地位。三是美国有大约二十几万亿美元的金融资产。四是美国实际上作为重要国际金融组织的后台大老板，具有支配这些组织的能力。五是美国牵头的“G7”在2008年次贷危机及其影响下的国际经济危机爆发前，长期是一整套国际经济“游戏规则”的制订者。六是美国有遍布全球的跨国金融机构及其信息网络。七是美国不断开发越来越复杂的金融衍生工具（期货等等），吸引并支配其他国家的投资和各种要素资源。八是美国还拥有一整套来自许多国家的、年轻的、掌握最新“金融工程”的专业人才。

归根到底，美国对第三轮经济全球化的影响力，来自于它强大的综合国力特别是经济实力。在这一轮经济全球化兴起之时，美国 GDP 就占世界各国 GDP 总和的 25%（1988 年）；1996 年进一步上升为 27%。同期美国占世界贸易额比重，也从 12% 提高到 14%。1992 年以来，美国重新恢复了世界最大出口国和世界竞争力最强的地位。与此成为鲜明对照的是日本。二次大战后，经过恢复发展曾经成为世界第二大经济体的日本，整个 80 年代至 90 年代初期大举投资进军美国，结果亏损 7000 亿美元（大致相当于整个 80 年代日本对美国的贸易顺差），同时由于泡沫经济破灭，日本经济损失达十万亿美元，再加上某些高科技产业的技术路线的失误，结果是出现了战后空前持久的严重衰退。总之，美国的经济实力和支配全球经济的控制力，使得他在第三轮经济全球化中，近 40 年处于“领头羊”的地位。

那么，怎样评价这一轮经济全球化呢?

首先，这一轮经济全球化是在和平与发展成为时代主题的历史条件下发展起来的。而“和平与发展”，是冷战结束后，“东西关系”和“南北关系”即天下大势发生大变动而形成的时代主题。正是这个大变动，空前扩大了世界市场的范围和容量，为全球经济的快速增长提供了基础性的条件。而跨国公司的出现和迅猛发展，又加速了全球市场的一体化。与此同时，经济全球化在世界市场拓展过程中，强有力地推动了各个国家的经济体制改革、经济结构调整和科技创新，尤其是国际金融在全球的拓展和创新。而金融的创新又反过来促进了经济的快速增长。同经济全球化相联系的，还有人才的流动包括企业家的孵化和快速成长，这为世界经济和各国经济的转型发展提供了最佳的条件。看一看当今世界的“英雄”，已经不是“元帅”和“将军”，而是比尔·盖茨、乔布斯这样的“企业家”。

与此同时，这一轮经济全球化带动了一批发展中国家的跨越式发展。发展中国家在经济全球化大潮里，既有可能被边缘化，又有可能利用全球市场的拓展来发展自己。在这一轮经济全球化持续推进过程中，东南亚、南亚和非洲一批发展中国家抓住了机遇，利用经济开放度的提高促进贸易投资自由化，从中获得了过

2016 年 11 月 3 日郑必坚在国家创新与发展战略研究会会见来访的巴基斯坦前总理阿齐兹。

去难以得到的资本、市场、资源、先进技术、管理经验和其他有利条件，实现了民族经济的跨越式发展。正如马来西亚副总理阿卜杜拉·艾哈迈德·马达维所说："从80年代中期开始，外国直接投资大量涌入，开放的国际贸易环境使我们的出口得以增长，结果是东亚国家迅速实现工业化和现代化，这是前所未有的。"

中国是发展中国家的一个典型。在中国果断决定实行对外开放政策和参与经济全球化后，在国内改革的同时大量吸引和利用外资和先进的管理经验。据统计，在改革开放初（1979–1982年），中国吸引的外国直接投资累计就达11.66亿美元。以后逐年上升，进入20世纪90年代后更是迅速增加。实际利用外国直接投资额自1993年以来一直居世界第二位，居发展中国家的第一位。与此同时，经济全球化促进了各国科技人才、跨国公司进入中国，又使得中国有机会抓住新技术革命带来的机遇，利用国外的技术并在此基础上进行创新，建立和发展自己的高新技术产业。特别是，中国实行"引进来"和"走出去"相结合的全方位的开放政策，加入WTO，发挥中国产品的比较优势，拓展海外市场，鼓励中国企业在更广泛的领域内积极参与国际竞争。就是这样，在中国特色社会主义道路的发展进程中，中国抓住经济全球化提供的机会，实现了经济的跨越式发展。

总之，对发端于20世纪70年代的第三轮经济全球化作出客观评价，必须肯定它对世界经济增长和发展中国家起飞所作出的贡献；当然同时也必须看到发展中国家特别是中国之所以能够实现跨越式发展，既同经济全球化有关，更同这些国家在经济全球化进程中采取了正确的应对政策有关。

2014 年 4 月 15 日郑必坚访问印尼期间会见时任印尼总统苏西洛。

事情的另一方面是问题方面，即第三轮经济全球化又确实存在着不可低估的问题。首先是美国设计和主导经济全球化的一个根本性追求——维护美国作为唯一超级大国的全球霸主地位。人们看得很清楚，无论冷战时期还是冷战结束后，美国这一条从来都没有改变过。而这正是第三轮经济全球化难以克服的一个根本矛盾——美国利益和全球利益的矛盾。这种情况导致了，当着全球市场的拓展有利于美国利益的时候，美国就极力推进以投资贸易自由化为突出标志的经济全球化；而当美国利益在世界市场竞争中受到冲击的时候，美国就千方百计打压对它构成威胁的经济体，甚至不惜牺牲经济全球化本应恪守的投资贸易自由化原则。这就是人们不止一次看到的，为什么在经济全球化推进过程的 40 年中，美国会同它的政治盟友日本、欧洲以及东南亚国家之间多次发生激烈的利益冲突的原因。如果再联系到今日美国最新动向，那么，又可以看到，美国这个经济全球化的“领头羊”现在竟然声言要放弃以至抵制全球化。这里反映出来的，是美国到处伸手同它本身力量局限之间的巨大矛盾，谋求霸主地位同世界走向多极化、经济全球化的历史潮流之间的巨大矛盾。而这正是根本无法克服的历史性矛盾。

美国主导的这一轮经济全球化，还有一个难以克服的根本性矛盾，就是本国资本利益和本国人民利益的矛盾。美国作为世界上经济实力、科技实力、军事实力最强大的超级大国，别的国家难以与此相提并论。不能不说到，美国以超级军事优势为经济扩张霸权保驾护航，此种战略今天还在持续，且有愈演愈烈之势。但是与此同时，它的内部矛盾却能够搞得它精疲力竭。当前情势不就是表现了这样的苗头吗？你看，美国大资本的资本逐利性导致金融衍生品脱离监管泛滥成灾，导致投机经济利用虚拟经济造成大量泡沫，导致社会商品大量依赖进口和贸易逆差，导致国内经济空心化而影响人民就业，导致储蓄率低、投资不足、劳动成本上升而生产率下降，导致政府财政赤字或增加税收而引起社会不满，导致社会成员两极分化和社会矛盾激化，如此等等。至于庞大国债，本身就是极大泡沫！美国社会这些难以克服的严重矛盾和问题，正是美国爆发次贷危机、政府停摆、民粹主义上升、总统候选人大爆粗口等一个又一个全球关注的问题甚至世界级丑闻的最深刻根源。

正如有的国际政治专家所说的：“即使特朗普总统明天辞职，特朗普现象仍将持续下去。”也就是说，特朗普现象与其说是特朗普个人的性格和特质造成的，不如说是美国的“结构性要素”带来的。一是美国财富分配严重不均。美国最富有的1%的人，平均年收入为130万美元。其中，依靠金融商品致富的人，特别是依靠对冲基金致富的人，收入要远远高于依靠实体经济致富的人。据麻省理工学院的调查，1973年至2013年的40年里，尽管美国劳动生产率上升了80%，但中产阶级和工人阶级的实际平均收入却只上升了4%。因此，美国的中产阶级和工人阶级有理由为这种“不公平”感到愤怒。二是美国政治严重腐败。美国政治被华尔街的金融家所操纵。过去27年里，美国金融业者一半以上的政治捐款，特别是对冲基金经营者七成以上的政治捐款，都流入了政客的腰包。另外，众议院中有42%的人、参议员中有50%的人，在任职期间为业界团体的利益通过法案、制定预算，离职后成为进行院外活动的说客，而说客的年收入比任职期间的收入大过两三倍。就这样，议员和产业界相互勾结的政治生态，也是社会对“精英”们越来越不信任的重要原因。三是美国人口和种族结构变化。最近七年，美国超过半数的新生儿都不是白人。预计到2024年，超过半数的20岁以下人口都是非白种人；到2042年，超过半数的全国人口将是非白种人。这又大大加剧了白人对移民的恐惧感和种族歧视心理，以及成为这次总统大选中六成以上白人投票者都支持特朗普的原因。应当如实地说，这些严峻的“结构性要素”，才是“特朗普现象”的真相。①

综上所述，由美国主导的第三轮经济全球化，既为世界经济的发展作出了重大贡献，又由于诸如此类难以克服的矛盾和问题

①《参考消息》2017年4月11日。

而具有极大局限性。这就叫作这一轮经济全球化的“两重性”。

三、经济全球化背景下的“美国问题”是中国造成的吗?

还在特朗普之前，美国总统奥巴马在实施他的“亚太再平衡”战略时，就指称中国快速发展是搭上了美国的“顺风车”，美国国内出现的就业问题以及两国之间的贸易问题等等都是中国造成的。到了特朗普，更加提高了调门，竞选时就一再重弹这种论调，对中国横加指责，威胁要同中国打贸易战。而在特朗普不久前发布的第一个国情咨文中，更是公然把中国、俄国叫作所谓“修正主义大国”，成为美国问题的“替罪羊”。可见，把“美国问题”往中国身上推，已经成为美国当权派和他们的智囊以及许多精英的“共识”。

这里，我想先来回答一下特朗普和他的团队提出的有关论点。

曾经是特朗普首席竞选策略师的班农这样说:“我是一个经济民族主义者，全球化的支持者们（指亚洲人，主要是中国人）摧毁了美国工人阶级，却在亚洲创造了一个中产阶级。”（他还说特朗普所代表的共和党要执政50年，但是50天他却下台了，现在又同特朗普公开吵翻。）

当然，一个不可否认的事实是，经济全球化的40年发展，正异化为美国霸权的成本上升。但问题是，这恰恰是美国本身所作所为造成的。

请问，难民问题是亚洲人、中国人制造的？中东动乱是亚洲人、中国人制造的？墨西哥移民问题是亚洲人、中国人制造的？凡此都归罪于全球化，归罪于亚洲人、中国人，难道是有道理的吗？至于美国实体经济的“空心化”和就业问题，除了美国大资本集团为追求超额利润而采取种种“战略”之外，难道还有别的原因吗？

正是在这种情况下，美国国内民粹主义潮流起来，而当权集团加以利用。这才是问题的本质。

如果再就今天的具体情况作一点展开分析，那就还可以说，当今美国和西方部分国家种种归咎于经济全球化的问题，实际上是在两项条件下产生的。第一，是在经济全球化和包括美国在内的先进生产力快速推进的条件下；第二，是在美国和西方部分国家资本集团追求暴利而不顾本国就业民生，并从而加剧国内贫富分化的条件下造成的。这也就是许多国际社会有识之士所说的，面对日益加剧的不平等，人们提心吊胆、令人生畏的反应是一种哗变，却颠倒是非把矛头对准经济全球化和技术革新。

再放开一点说，冷战结束以后，美国胜利冲昏头脑，以为“历史终结”，人莫予毒，到处输出美国的价值观和政治模式，甚至不惜动用武力、发动战争。结果怎么样？这样的美式全球化不仅没有能够真正一统天下，反而在“改造大中东”的两场战争中花了几万亿美元，死了6600个美国兵，激发了恐怖主义和多方面深层动荡，再加一次金融危机。这里的真正问题，我用一句通俗的话来说，是由于美国统治集团的骄傲，大骄傲！到今天，“大骄傲”又转为另一极端——“大逆转”，即摆脱大国责任的“无赖”行径。

总之，逆全球化思潮由来已久，成因复杂。而就今日逆全球化的情势来说，则是突出反映了美国由“大骄傲”转到“大逆转”这样一种很不寻常的动向。

至于中国人在这第三轮经济全球化中的作为，请看事实：

1. 苏联瓦解，中国没有随之而“历史终结”。

2. 加入 WTO，条件苛刻，中国经受大考验，走过来了。

3. 参与经济全球化，中国没有完全融入，而是坚持了独立自主，和平崛起。

4. 在国内治理上，中国不是加剧贫富分化，而是在生产力为中心进程中坚持共同富裕方向，包括扶贫的重大进展。

5. 结果是在美国呈现衰势的同时，中国成为世界老二（GDP）。

历史的事实是，中国当年对经济全球化也有过疑虑，对加入世界贸易组织也有过忐忑。但是，中国共产党领导层认为，参与经济全球化是历史大方向，中国经济要发展，就要敢于到世界市场的汪洋大海中去游泳。中国勇敢迈向世界市场的进程中，遇到过漩涡，遇到过风浪，但我们在游泳中学会了游泳。这才是正确的战略抉择。因此，中国的快速发展是靠自己的奋斗赢得的，不是占美国人的便宜获得的。

同时应当指出，中国通过正常经贸活动而成为经济全球化的受益者，理所当然；而中国开放国内市场，一个 13 亿多人的市场给世界各国包括美国带来了多大的机遇？中国经济快速增长又为全球经济稳定和增长提供了多大的推动？因此，中国是经济全球化的受益者，更是贡献者。把美国经济本身和美国国内出现的问题归咎于中国，是毫无道理的。

像经济全球化这样的大局面，参与者在自身发展中出现这样那样的问题并不可怕，可怕的是参与者尤其是主导者不敢直面问题，还要把问题往别人身上推，这样就找不到解决问题的思路和出路。面对经济全球化带来的机遇和挑战，正确的选择，毫无疑问，只能是充分利用一切机遇，合作应对一切挑战，引导好经济全球化走向。

四、我们正迎来一个多极化世界的经济全球化

通过对美国设计和主导的第三轮经济全球化的评析，我们看到，这一轮经济全球化经过40年发展而出现的问题，归根到底，乃是经济全球化推进过程中美国的“主导”出了问题，是美国利用经济全球化以谋私利出了问题。问题的要害，不是要不要经济全球化，而是要什么样的经济全球化。如前所说，第三轮经济全球化40年，走到今天，遇到了两个难以克服的矛盾和问题：一是美国资本利益同全球利益的矛盾；二是美国资本利益同本国人民利益的矛盾。这里说“难以克服”，是因为这一轮经济全球化乃是美国设计和主导的，或者在更宽泛的意义上来说，是西方发达国家主导的，美国利益或美国为首的西方发达国家资本的利益在其中发挥了极大的作用。但是如果我们放开眼界，不是只看美国和西方，那么这个“难以克服”的问题，又可能成为“并非难以克服”的问题了。

请看一看历史吧。第二次世界大战结束到今天，已经过去 73 年。期间经历了几次大变动，苏联解体导致两极对峙冷战的格局结束就是一次。邓小平曾经预计世界将从此走向“多极化”，后来的实际发展则是这个趋势虽已呈现强大生命力，但是世界基本还是“一超多强”，美国是唯一超级大国。这对美国而言，本来也可说是一个前所未有的历史机遇。但是美国并没有吸取苏联教训，而是热衷于充当“全球霸主”和“世界警察”。特别是从“9·11”美国本土遭受恐怖主义袭击开始，跑到中东打了一场又一场战争。其间又发生了 2008 年次贷危机，进而引发欧洲主权债务危机，世界经济由此下行。而且由于战争消耗和经济危机叠加，引发美国国内社会矛盾逐步加剧。正是在这样种种变局叠加之下，特朗普以“美国优先”和“让美国再次伟大起来”的口号，赢得了大选。而这又加剧了其对内对外矛盾，增加了不确定性。凡此种种，又加上欧盟、东盟、非盟等区域性组织作用越来越大，特别是中国、俄国、印度、南非等新兴大国的崛起，以及“上合组织”和“金砖国家”的形成，世界格局又一次大变动是不是呼之欲出呢？邓小平关于“世界格局多极化”为标志的新的大变动，是不是正在越来越大程度上变成现实呢？

请看吧，实际的情况是，这样的世界格局大变动，在全球经济治理中，不仅表现突出，而且已在发挥作用。“G20”的作用，就是一个好例。在美国次贷危机和欧洲主权债务危机发生后，在“G7”主导全球经济治理捉襟见肘的情况下，“G20”登上历史舞台，成为全球治理中的一个新的重要平台。“G20”即二十国集团，是一个国际经济合作论坛。它最初是由美国等七个工业化国家的财政部长为防止类似1998年亚洲金融风暴重演，于1999年6月在德国科隆提出，9月25日由八国集团（G8）的财长在华盛顿宣布成立的，属于布雷顿森林体系框架内非正式对话的一种机制，只是由各国财长或各国中央银行行长参加。而自2008年由于美国次贷危机引发全球金融危机使得金融体系成为全球焦点问题之后，“G20”开成了首脑会议，实际上取代了之前的八国（G8）首脑会议和20国集团（“G20”）财长会议。这样的“G20”，成员包括了中国、美国、日本、德国、法国、英国、意大利、加拿大、俄罗斯、欧盟、澳大利亚、南非、阿根廷、巴西、印度、印度尼西亚、墨西哥、沙特阿拉伯、土耳其、韩国。而这些国家的国民生产总值约占全世界的85%，人口则将近世界总人口的2/3。所以应当如实地估量，“G20”首脑会议的成立，为国际社会协力应对经济危机，推动全球治理机制改革，带来了新动力和新契机。这个平台的建立，标志着全球治理从此开始由“西方治理”向“西方和非西方共同治理”的重大转变。“G20”首脑会议和“G7”、“G8”首脑会议的最大区别，就是后者是“一超多强”世界政治格局在全球经济治理中的体现，而前者则是“多极化”世界政治格局在全球经济治理中的体现。

总之，世界格局走向邓小平所预见的“多极化”，正在一步一步成为现实，“G20”首脑会议只是这种深刻变化的一个表征。

这样，在我们面前，难道不就看到了两个“经济全球化”吗？一个是美国为首的西方发达国家主导的经济全球化，一个是多极化世界（包括美国和西方发达国家）的经济全球化。或者说，历史正在向我们招手，迎接一个多极化世界的经济全球化的到来。

在这里，我们愿意贡献两个“公式”（中国经验）：

一是：“在参与而不是脱离经济全球化的进程中，独立自主地建设本国特色的现代化。”

二是：“扩大和深化同各方利益的汇合点，全方位地与不同国家和地区建立和发展在不同领域和不同层次的利益共同体”。

2015 年 10 月 12 日郑必坚在深圳为苏加诺之家（印尼—中国合作中心）题字，左二为苏加诺长女、印尼第五任总统梅加瓦蒂。

我们认为，中国的发展证明了这种取向，世界大势的发展也允许并需要这种取向。

我们期望这样的取向，能在国际社会越来越大的范围内获得认同和共识。

这样的取向，归根到底，体现的就是习近平主席所说的“命运共同体”，或如他一再指出的“‘利益共同体’和‘命运共同体’”。如果做得好，这样的重大概念和相关的一系列方针，将有可能克服美式全球化的弊端，同时也将有可能抵制形形色色的孤立主义。

至于现在世界上有许多人主张在美国不当经济全球化的“领头羊”后，由中国来领导经济全球化。他们认同中国的未来愿景，他们对中国的好意，对此我们表示感谢。但是，中国还是一个发展中国家，现代化还没有实现。特别是像中国这样一个有13亿多人口的大国，遇到的、要解决的问题和困难，是别的国家无法想象的。这一点，无需隐瞒、毫无疑问。

当然还要说到一点，我们和世界各国共同面对着挑战，而这样的挑战是够多够大的了。一是恐怖主义，二是核扩散，三是气候变化，四是能源安全，五是粮食和水安全，六是脱贫，七是金融危机，如此等等。这些挑战无一不具有全球性，直接关系到成

2009年10月郑必坚会见出席第一届“中美清洁能源务实合作战略论坛”的美国前副总统戈尔（左二）、布鲁金斯学会主席桑顿（左一）等。

亿成亿人民的切身利益，只有通过扩大国家间的合作和负责任的治理才能得到切实有效解决。

顺便说一下，这里还有一个需要特别提起注意的问题，就是西方国家喜欢输出他们的价值观和政治制度，他们甚至把这样的西方标准作为用来整治以至颠覆非西方国家的一种武器。这在美国“改造大中东”的行动中得到淋漓尽致的血腥表演。我们认为，今天可能已经是时候了，应当郑重申明：一个国家的发展道路合不合适，制度合不合适，只有这个国家的人民才最有发言权，不应当按照西方的价值观和政治制度来评判。中国有句老话：“鞋子合不合脚，自己穿着才知道。”

一个尖锐的重大原则问题已经提到面前：美国主导下的经济全球化架构，不能适应新阶段新形势。也就是说，需要谋划全新的架构。这也正是习近平主席在最近这次G20提出的主张。用最概括的语言来说，习近平主席的主张是四条：第一，在开放中做大世界经济的蛋糕；第二，在创新中发掘世界经济的新动力；第三，在包容中破解世界经济失衡的难题；第四，在联动中完善全球经济的治理。

天下大势就是这样。第三轮经济全球化的两重性发展，走到今天，世界正在迎来一个新一轮的，以多极化世界为基础的，以利益汇合点、利益共同体即以“人类命运共同体”（而不是“大国战略平衡”）为主轴的，以“和平与发展”（而不是“独霸”或“争霸”）为真正主题的，多极化世界的经济全球化。

第五章

“利益汇合点”、“利益共同体”基础上的“命运共同体”和新时代的国际关系理论

我们在前面讨论了中国在改革开放中打开了一条和平崛起的全新发展道路，讨论了第三轮经济全球化的两重性发展，并认为我们正在迎来一个多极化世界的经济全球化。那么，为什么中国能够在同经济全球化相联系中走出一条和平崛起的发展道路？一个多极化世界的经济全球化应该建立在什么基础之上？这样相互联系的两个问题，答案集中到一点，就是我们在本书第一章第三节和第四章第四节已经讨论到的“利益汇合点”和“利益共同体”基础上的“命运共同体”。应当说，这里提供的，乃是不同于以往各种国际关系理论的，而与今天新时代相适应的新型国际关系理论。

一、和平和发展为主题的时代条件下处理国际关系的战略构想

我们已经讲过，当今世界，不仅中国走出了一条和平崛起的发展道路，一批发展中国家也都踏上了和平崛起的道路。其根本原因，就是和平与发展的时代主题下的经济全球化大潮，让参与全球化的各个国家通过世界市场形成了“你中有我、我中有你”的“利益汇合点”和“利益共同体”。记得 2011 年 10 月 26 日，我应“21 世纪理事会”① 的邀请，在其主办的巴黎论坛上作了主旨演讲。我在演讲中阐明的“不断扩大和深化同各方利益的汇合点，逐步形成全方位、多层次的利益共同体”的战略构想，被与会各方一致赞同并写入巴黎论坛的最后声明，提交 G20 首脑峰会，被确定为“21 世纪理事会的指导观念”。

我在演讲中强调，关于全方位扩大和深化同相关各方的“利益汇合点”，构建“利益共同体”的战略构想，首先是基于中国本身在 21 世纪第二个十年的发展思路和发展目标。中国的努力，集中到一点，就是要加快转变经济发展方式，保障和改善民生，促

---

① 21 世纪理事会成立于 2011 年，致力于推动二十国集团（G20）在全球治理中发挥积极作用。21 世纪理事会认为二十国集团的兴起反映了全球地缘政治的变化，是应对当今世界所面临的挑战的有效机制。因此，21 世纪理事会以“影子 G20”自诩。其核心成员包括法国前总统萨科齐、德国前总理施罗德、英国前首相布朗、巴西前总统卡多佐、西班牙前首相冈萨雷斯、墨西哥前总统塞迪略、巴基斯坦前总理阿齐兹、美国前财长萨默斯、世贸组织总干事拉米、诺贝尔经济学奖得主斯蒂格利茨、诺贝尔化学奖得主泽维尔等。21 世纪理事会特邀郑必坚出任“创始理事”并出席其 2011 年 10 月下旬在巴黎举行的高峰论坛。

进经济长期平稳较快发展与社会和谐稳定，全面建成小康社会。由此而来的，就是增长方式由主要依靠外需拉动转入以内需拉动为主的阶段，对外开放由出口和吸收外资为主转向进口和出口、吸收外资和对外投资并重的阶段，加快产业结构的转型和消费结构升级，从中等偏下收入国家迈向中等偏上收入国家。同样由此而来的，将是中国更加致力于国内发展，更加致力于提高全民族文明素质和精神追求，从而使中国社会既充满活力又和谐安定，使中华民族既实现和平崛起又达致文明复兴。毫无疑问，这样的中国，必将为世界提供更巨大的市场需求和更广阔的发展机遇。我还强调，如果说在21世纪第一个十年，中国坚持走和平崛起发展道路，成为世界发展的重要组成部分，中国与世界形成了共同利益的扎实基础；那么在21世纪第二个十年，中国将继续坚定不移地走和平崛起发展道路，而成为世界发展更加重要的一部分，中国与世界也将形成更加系统和更可持续发展的共同利益。这也就从根本上决定了中国与世界的关系在今后十年乃至更长时间的发展走向。

当然，中国和平崛起的未来愿景，同时也是基于世界大势。我在讲演中，从九个方面谈了我对天下大势的估计。

第一，在世界多极化、经济全球化条件下，各国相互依存不断加深，你中有我，我中有你，大家谁也离不开谁。

第二，大国关系出现重大调整，相互竞争和合作更加明显。二十国集团峰会表明了各大国必须在合作中求发展，又在竞争中谋优势。控制竞争、发展合作，成为一种必然的要求。

第三，包括中国在内的发展中大国整体和平崛起的势头日益明显，今后十年是其发展和崛起的关键时期。以 2016 年 4 月成功举行的金砖国家三亚会议为标志，进一步显示了新兴发展中大国和平崛起的自觉和势头难以阻挡。

第四，国际金融危机催生了世界范围社会生产力的结构大变革。一个以“绿色、低碳、可持续”为重要特征的新技术革命和产业革命日益展露其锋芒。

第五，国际金融危机深层次影响仍未根本消除，世界经济复苏存在不确定因素。在后国际金融危机时期，气候、能源、资源、粮食、金融等全球性安全问题更加突出，全球治理问题也紧迫地提到议事日程上来了。

第六，各大国经济发展方式将发生重大变动，由此又将决定各大国相对地位和利益关系的进一步变化。

第七，世界是复杂的，正面的东西在发展，负面的东西也在发展，各种形式的剧烈动荡或地缘政治冲突，以至传统形式的战争危险仍然存在。西亚北非的变局说明，人们对此既不必惊慌失措，也不能掉以轻心。民主是世界潮流，但不能由外部强加，不能以动乱为代价，应由本国人民选择符合本国国情的人权、民主与法治建设之路。

第八，无论世界变局怎样发展，人类仍将在一个很长时期内处于主权国家主导国际关系的历史阶段。说到这里，我要特别引用金砖国家三亚宣言的一句话：“我们主张，应尊重每一个国家的独立、主权、统一和领土完整。”

第九，综观天下大势，无论对中国还是世界，仍将呈现机遇与挑战相交织，而机遇大于挑战的根本走向。我们对未来十年中国的和平发展仍然充满信心，而决不会因为这样那样的事变和突发事件就轻易动摇。

以上九点，就是我所观察到的当今以至未来十年的世界发展大势。

正是基于对中国在21世纪第二个十年的发展思路和发展目标的分析，以及对世界发展大势的估计，我在演讲中还提出了关于中国与欧盟之间扩大深化利益汇合点、构建利益共同体的战略构想。

第一，以中国和欧盟关系为例。2008年金融危机爆发以来，尤其进入21世纪第二个十年，中国、欧盟都面临来自内部的巨大挑战，远远超过外部的安全威胁。

就中国而言，最紧迫和亟待解决的问题仍然是发展和稳定。就眼前说，存在通胀预期和汇率压力，收入差距拉大，以及房地产泡沫问题等。而就长远来说，经济结构调整，科技教育滞后，还有社会治理亟待强化和优化，则是更带根本性的三大课题。

就欧盟而言，最严峻的挑战不是来自欧盟以外的国家，而是来自于内部的调整与改革。欧盟的当务之急是平衡预算、清偿债务、恢复增长、提高国际竞争力。

为应对各自的挑战，我们都需要稳定的外部环境，都需要渐进的国际体系改革，都需要温和的全球治理方式。这就是我们的共同利益。如果中国、欧盟都把保持对方稳定和保持国际体系稳定作为双方最大的共同利益，则我们之间的“利益汇合点”和“利益共同体”的构建就有了广泛而牢固的基础。

第二，中国是欧盟的主要贸易伙伴，我们的经济相互依存度很高。减少甚至消除贸易和投资壁垒，促进中国企业在欧洲投资，就可以为欧盟国家创造很多就业机会。同样，欧洲的企业到中国投资也有很大的空间。此外，加强未来全球货币体制和金融监管机制的磋商，推进这些机制的改革对世界经济平衡发展将起重要作用。这也是中欧的共同利益。

第三，中欧在其他领域的利益汇合点也很多。气候和能源是最有合作潜力的领域。中国是当今世界最大的能源消费国、原油进口国、碳排放国之一。欧洲也高度依赖能源进口，到2030年，其能源进口依赖度将达到70%。清洁能源方面的合作将能促进双方的经济发展、科技创新。其他领域的利益汇合点包括网络、太空、海洋安全等。这些实际上都关系到全人类的安全，应将其视为“公地”，建立起能为各相关国家共同认可的公共规则和运行方式是极为必要的。

第四，在非传统安全领域，以及保持中东、中亚、南亚等地区的稳定，反对恐怖主义等方面，我们也都有共同利益。

第五，构建利益共同体的前提是谨慎处理对方敏感问题。应该保持台湾海峡局势稳定，以及两岸关系和平发展的势头。中欧在这个问题上不存在直接的战略分歧，但是也有一定的间接影响，如欧盟迄未对中国售武解禁，据说就有台湾因素。欧盟国家对台湾售武的阴影也还存在。

第六，构建利益共同体需要长期的努力，在这过程中，中国与欧盟之间可能出现这样那样的争论和分歧，但未来十年促进中欧关系大发展的基本要素和动力依然存在。这就要求我们以扩大和深化“利益汇合点”、构建“利益共同体”的新观念，更加自觉地寻找推动双边和多边关系发展新的增长点，以实现各得其所、互利共赢。

第七，我还特别说明一点，中国扩大和深化同相关各方的“利益汇合点”，构建“利益共同体”，乃是一个全方位的战略构想，而不是排他性的。除了上面说到的中国与欧盟，还包括中国与美国，中国与亚洲其他国家，中国与非洲，中国与拉美，等等。总而言之，就是要把中国人民的利益同世界各国人民的共同利益结合起来，扩大同各方利益的汇合点，同各国各地区建立并发展不同领域不同层次的利益共同体，推动实现全人类共同利益，共享人类文明进步成果。

2015 年 11 月 2 日郑必坚与出席第二届“读懂中国”国际会议的新加坡前总理吴作栋合影。

第八，我最后再次强调，关于“扩大和深化同各方利益的汇合点”，“同各国各地区建立并发展不同领域不同层次的利益共同体”的构想，已经确定地成为中国共产党和中国政府的重大战略方针。中国的胡锦涛主席和温家宝总理多次在国际场合郑重强调了这一点。中共中央关于中国第十二个五年规划的建议和 2011 年 9 月 6 日发表的《中国的和平发展》白皮书，也都明确宣告了这一点。

我还说，当前，欧盟的部分成员国正面临严峻的债务危机。这既是挑战，又是欧盟走向深度一体化的重大机遇，这也是中欧扩大共同利益的一个重要机遇。历史告诉我们，欧盟在每次危机后都推进了一体化进程。希望这次也不例外。中国与欧盟的共同利益，要求我们“同舟共济”，携手度过这个困难时期。

我在巴黎论坛的这个讲演，既阐述了中国和平崛起的基本原因，又提出了把“和平崛起发展道路”进一步具体化的重要取向。我期望并且确信，这样的取向，一定能在国际社会越来越大的范围内获得共识。

二、中美之间能否形成“利益汇合点”和“利益共同体”？

在中国外交布局中，中美关系被列为“重中之重”。世界各国政治家、战略家也都十分重视中美关系。那么，中美之间有没有“利益汇合点”，能否构建和“利益共同体”呢？早在 1989 年 11 月 10 日，邓小平在会见基辛格时就说过：“那种按社会制度决定国与国关系的时代过去了。不同社会制度的国家完全可以和平共处，发展友谊，找到共同的利益。中美之间肯定能够找到共同利益。”[①]

①《邓小平年谱（1975-1997）》（下），中央文献出版社，2004 年版，第 1297 页。

2011 年 6 月 26 日，我在北京会见来访的美国前国务卿基辛格博士。并按他的安排，在长达五个半小时的交谈中，就推进中美之间“利益汇合点”和“利益—利害共同体”的构建作了深入交流。

我说，今天要谈的，有一个总题目，就是“从两个大局’着眼，推进中美之间‘利益汇合点’和‘利益—利害共同体’的构建”。这里所说的“两个大局”，是指国内大局和国际大局，而且是特指中美两国各自面临的国内大局和国际大局。我之所以把“两个大局”摆在总题目的前头，原因是在于，我认为此时此刻，在 21 世纪第一个十年刚刚过去，第二个十年刚刚开头之际，中美两国各自的“两个大局”都出现了一系列紧迫而亟待解决的新问题。对这一系列紧迫问题的应对和处置是否得当，对各自面临的国内国际“两个大局”的把握是否得当，不但关系两国自身，而

2011 年 10 月 19 日郑必坚访问纽约并会见美国前国务卿基辛格。

且关系两国关系，以至于关系21世纪第二个十年整个亚洲太平洋地区和整个世界的形势发展。

正是围绕这样一个总题目，我对基辛格陈述了自己的十点思考：

1. 中美两国在“两个大局”方面的共同之点，是都需要相当程度集中精力做好各自国内的事情。而这就需要稳定的外部环境，需要渐进的国际体系改革，需要温和的全球治理方式。在这样的大背景下，如果中美都把保持对方稳定和保持国际体系稳定作为双方共同利益的最大公约数，则中美之间的“利益汇合点”和“利益—利害共同体”的构建就有了广泛而牢固的前提和基础。

2. 对于美方领导人提出的美国无力也无意颠覆中国政府和遏制中国，我们愿意相信这是真诚的而不是外交辞令。另一方面，中国同样无意挑战和颠覆历史形成的美国在世界事务和亚太事务中的地位，美方也应当相信这是真诚的而不是外交辞令。只要中美双方都能言必信、行必果地认真坚持这样做，那么中美在21世纪的共同利益就有长远的稳定的保证。

3. 美国目前最紧迫而又亟待解决的问题不是什么应对安全挑战，而是应对严峻的经济挑战。包括巨大的债务和预算不平衡问题，经济增长不稳定问题，投资不足和失业率居高不下问题，以及美元信用受到怀疑问题，等等。至于中国，目前最紧迫和亟待解决的问题仍然是发展和稳定。就眼前说，存在通胀和汇率压力，收入差距拉大，以及房地产泡沫问题，等等。而就长远来说，科技教育滞后，经济结构调整不力和社会治理亟待强化和优化，则是更带根本性的三大课题。还要估计到，中美各自面临的经济问题，同时又已成为影响对方发展的重要因素。因此，宏观经济政策协调和部门经济互补，已经作为双边合作的最重要内容提上对话和互动日程。

4. 在中东、中亚和南亚问题上，中美有着很大的合作空间。特别是保持波斯湾、红海、苏伊士运河及周围国家的稳定，既对全球石油供应具有关键意义，也符合中美共同利益；保持对这个地区恐怖主义势力的高强度打压，仍然是中美双方的长期安全使命。

当然，在提出上述考虑的同时，无疑需要充分估计到中东、中亚和南亚地区的复杂性。历史和现实反复说明，这一大片地区民族、部落、宗教等多方面利益盘根错节，外力干预很难收到预期效果。长期化的地区动荡必将不可避免地对全球能源安全、反恐、防止核扩散等，进一步带来重大负面影响。

5. 东亚安全（包括东北亚和东南亚）问题，是中美双方利益交汇最密集，也是双方利益竞争最突出的问题。关键是如何强化利益汇合点，弱化利益冲突点。中美双方不能回避这个问题，更不能被一些外部和内部的干扰因素牵着鼻子走。防止朝鲜半岛出现意外事件引发的严重危机，中美之间还有许多事情可做。台湾和海峡局势应继续保持稳定，中美在这方面的相关合作还远远不够。对台军售问题对双方都具有高度敏感性，不应让此问题破坏两国的全面合作。目前，最突出的是亚洲海上安全问题，此问题实际上又可细分为南海—东海岛屿争端、海上航行自由和美军在中国近海侦察这样三个问题，需要分别加以适当处理。不人为激化矛盾，避免使问题复杂化，应成为中美在此地区构建“利益汇合点”和“利益—利害共同体”的着眼点和切入点。在东亚合作问题上，中国持开发包容态度和友好合作方针，欢迎美、俄加入东亚峰会。

6. 亚太地区经济多边合作，对于中美“利益—利害共同体”或基辛格博士所说的“太平洋共同体”具有关键意义。中国在10+X框架中推进“开放的区域主义”，欢迎美国参与东亚地区合作机制。美国也应当在TPP机制（跨太平洋战略经济伙伴协定）构建过程中对中国开放。APEC对于本地区的利益融合有一定作用，但是流于松散，因此需要中美更多磋商。中美应通过亚太区域合作，既促进解决区域问题，又有助于解决双边经济问题，其中包括汇率、贸易、技术转移、投资等问题。

7. 中美在全球治理领域有更大的合作空间。二十国集团的形成就是由中美首先倡议的。在气候和能源问题上，中美之间比在其他领域更具有共同利益。中美都是最大的能源消费国、原油进口国、碳排放国，两国之间在排放标准和能源供求问题上的共性大于差异。另一个重要领域是金融和货币领域。美元汇率变化对中国利益关系极大，中国持有美国国债对美国财政平衡也关系极大。中美应当对未来全球货币体系和金融监管机制保持紧密磋商，在对双方利益损害最小的情况下，共同推进这些制度建设。

8. 在网络、太空、极地、海洋和其他公共空间的安全合作领域，虽然中美目前似乎竞争大于合作，但实际上这又正是中美合作可以获得巨大发展的空间。黑客袭击对双方都造成潜在威胁和利益损害，因此网络安全是中美双方都需要的。太空、极地、海洋等安全问题，实际上都关系到人类安全。无论美国和中国都应

2011 年 1 月郑必坚会见出席第二届“中美清洁能源务实合作战略论坛”的时任美国驻华大使洪博培（右二）、美中关系全国委员会主席卡拉·希尔斯（左一）。

当为逐步建立能为各相关国家共同认可的公共规则和运行方式而不懈努力。

9. 中美在其他领域展开非传统安全合作的可能性也非常之大。例如，核能利用安全、生态危机和环境保护、灾难救助、查缉毒品运输、防治流行疾病、反洗钱活动、打击人口走私和国际犯罪组织等等。随着中美之间人口流动和经济往来越来越密切，任何一方的非传统安全问题都会像“蝴蝶效应”那样传递到另一方。因此，需要更好地和更有系统地运用信息通报、协助解决、共同防范等方式，加强合作。成功地帮助了另一方，就是在支持自己这一方。

10. 在民主、自由、人权、制度等问题上，谁也不应简单地把对方看成是对手。简单地用意识形态和冷战思维来裁判文化和制度问题，不仅会严重妨害中美之间更加广泛的共同利益构建，而且从根本上说，也不符合事实和社会发展规律。

我最后说，以上“十点思考”，当然并非全是新的提法。其中不少问题，在中美两国政府对话和实际事务中已多有涉及。这里的考虑，是为中美两国面对21世纪第二个十年，发展两国战略关系所需处理的重大战略性问题提供一个总体的把握，并且是放在构建“利益汇合点”和“利益—利害共同体”这样一个总题目下来加以把握。

基辛格边听边做笔记，称我的“十点思考”令他印象深刻，感到很有价值，并愿以此作为进一步讨论的基础。他当场回应说：“我是搞了一辈子‘均势’的人，现在看来，在21世纪搞均势是不行了。还是郑必坚先生提出的办法好，‘扩大利益汇合点，构建利益共同体’。”

基辛格还强调说，尽管他本人毕生主张“权力的制衡”，但中美两国合作应超越“大国间制衡”的状态，上升至更高层次，而郑校长就构建“利益汇合点”和“利益—利害共同体”所提出的“十点思考”，就是对于这种“超越”的有益思考。

2011年7月12日，基辛格又给我专门来信说：“郑必坚先生就构建中美‘利益汇合点’和‘利益—利害共同体’所提出的‘十点思考’深刻而敏锐，鞭辟入里、独具匠心，是对我们共同愿望的有力践行。您和您的团队在谈及范围广而层次深的两国国内、地区间和全球性事务时表现出了对于问题的深远考虑，我对此深表赞赏。”

但是在这之后，美国实施“重返亚太”的“亚太再平衡”战略，中美关系出现了更为复杂的情况。2014年6月20日，我在北京与美国前总统国家安全事务助理哈德利举行了会谈，针对哈德利“如何看待美中关系当前困境”的问题，我做了回答。

我说，你的问题可以作为我们讨论的出发点，我有这样几点考虑：

第一，2014年，就中国来说，既是“布局之年”，也是“大坎之年”。“布局之年”意味着，经过2012年十八大和2013年十八届三中全会的全面部署，2014年中国内外新局一一展开。“大坎之年”则又意味着，中国现在面临的难题众多，能否顺利处理，是一个重大考验。

对中美关系而言，2014年，或许延伸到2015年，是一个关键时刻。要抓紧做事，机会易逝。我们对中美两国合作的前景持积极态度，这个积极态度是基于对中美关系的深刻观察，即认为中美关系终归要好起来才行。“中美关系终归要好起来才行”是邓小平的判断，它完全符合中美两国的根本利益。我认为，中国的领导层没

2014年6月20日郑必坚在国家创新与发展战略研究会会见美国前总统国家安全事务助理哈德利。

2014 年 3 月 2 日第四次中美关系对话会嘉宾合影。

有改变这个根本的估计。

第二，发展中美关系的重要性、有益性和可行性是现实存在的，不是虚构的。现实的根据有三点：一是总体而言，中美两国都不想发生激烈对抗或是严重冲突；二是中美两国利益高度交融，首当其冲是经济合作，此点显而易见；三是想要搅乱大局的势力虽然存在，但他们力量不够，而且也没有准备好。基于上述判断，对中美来说，关键还是要清醒、有定力、有作为。不清醒要倒霉，没有定力要倒霉，虽然清醒、有定力但没有作为也要倒霉。

第三，对天下大势要有更深、更广、更实际的观察。我们需要的是真正的战略眼光，而不是目光短浅一味追求利己的盘算。美国有人说要围堵中国，我要请问需要多大的力量才能把中国围堵住？论海上，充其量只能堵一半，如此而已。论陆上，中国背后是西伯利亚、中亚，以至于俄罗斯、欧洲！所以，围堵中国是一个不可能实现的意图，这一点不言自明。最现实的还是中美靠拢一点比较好，靠打压、围堵是行不通的。

现在中俄关系比较好，一些美国人非常担心。我要说，中俄关系好，这同中美关系好并不排斥，相反恰好是互为促进。我相信，在中国领导人的日程上，没有抹掉“同美国做好朋友”。认为有前者就要抹掉后者，这种观察太肤浅了。

第四，目前中美关系最要紧的问题是西太平洋问题。美国亚太战略之要害所在，是奥巴马公然宣称且正着力部署的以美日军盟为亚太安全的“基石”。突出表现为支持日本解禁集体自卫权，及对钓鱼岛“国有化”。

2015 年 11 月 2 日郑必坚会见俄罗斯前第一副总理索斯科维茨。

我认为应该以历史的、辩证的角度看待事情的发展。美日军盟由来已久，但有一个曲折发展过程。如实地说，美日军盟的当初原意是要管住日本，当然也要管住亚太；冷战时期主要针对苏联；现在“重返亚太”，又转为主要针对中国。又因美国国力不济，而要利用日本，由管控日本转为支持日本“解禁集体自卫权”，支持日本对钓鱼岛“国有化”，而且与日本一道拒绝中国的正当主权。

我要向美国朋友鲜明指出：大概无须太长时间就会证明，依靠美日军盟围堵中国并放纵安倍，将反过来成为美国负担。不仅在政治、道义上，且在实际利害上，都将成为美国的负担以至沉重负担。

第五，从根本上说，站在“太平洋足够大”和中美“新型大国关系”的历史、战略和道义的制高点上，中美合作为主轴，亚太地区共同发展，防止重蹈美苏冷战覆辙，才是亚太安全的根本出路。

具体地说，当前和今后（第一步到2020年）中美应共同致力于构建三个领域的“利益汇合点”和“利益共同体”：

——经济上，构建互利共赢的中美利益汇合点、共同体；

——安全上，构建和平合作的中美安全汇合点、共同体；

——全球治理上，构建责权均衡的中美命运汇合点、共同体。

哈德利听了我陈述的观点，认为我的回答是深思熟虑的，表示非常感谢，称这再次证实我们这样谈话的重要性。他说：“说实话，我们保持与亚洲大国的关系关键在于要大国相信中国，同时与美国保持良好的关系。我在政府任职时，就谈到过美日同盟关系的重要性，当时没用基石这个词。请不要误解，我既坚定支持中美新型大国关系，又坚定支持与韩国、日本的条约关系，这些是至关重要的。也许我的观点是错误的，但这是我一直以来的观点。接下来，我们要做的，应该有4个重点领域：第一，是战略谈话，包括趋势、战略；第二，提出并形成新型大国关系原则；第三，提出两到三个可实施的项目；第四，寻求一两个双边要解决的纠纷。”

哈德利最后称：“这次对话堪称典范，战略对话就应该这样，把问题摆到桌面上，谈深谈透，而不是照本宣科，这才是真正的战略沟通。”

应该讲，中美关系在今后相当长的一个时期里，都是我们要认真应对的重大问题。按照邓小平的战略构想，从国内大局和国际大局这“两个大局”出发，并根据不断变动的国际形势，致力于在复杂情况下找到两国的“共同利益”，扩大利益汇合点，构建不同领域不同层次的利益共同体，才有利于中美两国关系的健康发展，有利于维护世界和平和共同发展。

三、“两个大局”下的“利益汇合点”、“利益共同体”

进入21世纪第二个十年，国际形势扑朔迷离，诡谲多变，在如此复杂的国际形势下如何把握国家发展的正道，处理好各个国家之间的关系，扩大利益汇合点，构建利益共同体，对中国和世界各个大国都是一个严峻的考验。这也是我最近几年来思考最多，和外国朋友们谈论最多的一个话题。

2013年6月29日郑必坚在国家创新与发展战略研究会会见美国前总统国家安全事务助理布热津斯基。

2013 年 6 月 29 日，美国前总统国家安全事务助理布热津斯基到访我担任会长的国家创新与发展战略研究会，我们就国际局势和中美关系进行了一次长谈。我曾与布热津斯基举行过多次会晤，2011 年我们在美国战略与国际问题研究中心见面时，他曾这样回应我关于“和平崛起”及构建“利益汇合点”和“利益共同体”的思想：“郑会长的和平崛起理论反映出中国在走一条与世界历史上大国崛起不同的道路。回顾过去 100 年世界历史，大国冲突导致了第一次世界大战、第二次世界大战和冷战。郑会长的理念可能使中美关系避免重蹈过去那样的大国冲突覆辙。”

在 2013 年这次长谈中，我说，回想起来，我多年一贯，直到今天的全部思考，有一条主线，就是一句话，叫作“大变动、新觉醒”。说的完全一点，就是以中国和平崛起为主题的中国大变动、新觉醒，和以世界和平发展为主题的世界大变动、新觉醒。从世界历史的角度来看，是否可以说，这乃是一个前所未有的，破天荒第一次出现的伟大进程。

与此同时，我说，事情是复杂的，不是只有一面。这样的二重性，乃是三十多年发展进程的又一重大特点，只能冷静对待。特别是在谈到关于“反华包围圈”问题时，我说，这里必须掌握的基本一点，就是现在的亚太形势不是二战之前，也不是一战之前的形势，更不是满清末年的形势。把中国比作满清不行，把中国比作一战、二战中的德国或者日本也不行，走扶日反华的老路更不行。总之，反华包围圈是搞不成的，应当承认并确认一个“新东方”出现了。

布热津斯基表示，他对我的讲话印象非常深刻。他说：“认真听取了您的讲话，我认为显示了您从学术、政治角度体现出的睿智。您不仅是一位对中国未来和世界未来有独到见解的主要思想家，同时也是一位具有全球视野的思想家，因为您不仅对中国国内而且对全球社会和经济发展、包括现存两个主要国家的如何合作和建立关系方面有独到见解的思想家。”他还说：“中美两国还并不是平起平坐的国家，但是两国都具有潜力能够对世界和其他国家的未来担负起越来越多的责任，使我们两国关系越来越有历史意义。对于您关于中美两国特殊责任的看法，我是完全同意的。尤其两国有必要通过更紧密的合作来实现共同责任上有效互动，这一点不仅对两国有利，也对全世界的未来有利。”

2014 年 10 月 17 日，我又在北京同日本前众议院议长河野洋平先生[①]会谈时，集中谈了“大变动中的天下大势”。

什么样的大变动呢？我认为最突出的，就是“三大块”，即“乌克兰危机”下的东欧板块，伊拉克、叙利亚、巴以、伊朗等乱局下的大中东板块，以及因美国“重返”而搅乱的亚太板块。围绕此“三大块”，各大力量复杂互动，深刻博弈，已经发生并将继续发生多方面的深刻变动。这是第一点。

第二点，“三大块”里面，中美俄三角关系之变动又最为引人注目。这个三角关系的成因和内涵，与冷战时期的中美苏那种“大三角”很不相同，姑且称之为“新三角”吧。这个“新三角”的特点之一，就是俄国在某种程度上向东走。而俄国之所以这样做，又

---

① 河野洋平是日本著名政治家，是中国人民的老朋友，曾担任日本自民党总裁、日本政府副首相、外交大臣、内阁官房长官及众议院议长等职。1993 年 8 月 4 日，时任日本内阁官房长官的河野洋平就“慰安妇”问题调查结果发表谈话，首次承认日本在二战期间对亚洲等受害国人民犯下强征慰安妇的严重罪行。

是美国西方把它逼的，叫作被逼无奈。至于中国，没有理由拒绝俄国这样做。既然人家被逼无奈，谋求合作，互利共赢，有什么理由要拒绝呢？由此而来的，就是一种全新情况的中美俄“新三角”。

2015 年 8 月 20 日郑必坚在国家创新与发展战略研究会会见来访的日本前众议院议长河野洋平。

第三点，就中国的国际环境而言，正是由于前面所说两点大变动而来的又一个变动，就是“两条线”，即北边一条线和南边一条线。您看，北边这条线：中国与俄罗斯关系发展了，中国同中亚的关系发展了，上合组织发展了，中国同欧洲的关系也发展了。这两天李克强总理在欧洲，同德国、意大利、俄罗斯签了多少合作协议啊！所以，欧亚大陆是一个广阔的天地。这好不好呢？我以为是好的。不仅对中国，对世界也是好的。好在什么地方？就是市场扩大了，就是经济、文化、科学合作的内涵扩大了。这是不是意味着战争危险？我认为不是。这是一个很积极的、健全的、向上的发展。这是北线。北线当然还有很多问题，包括恐怖主义，“三股势力”，有什么办法呢？只能认真对付，并且准备着长期对付。这也包括中国的新疆。一些新疆恐怖分子同中亚等许多地区恐怖势力是有联系的。这种问题我们清楚，我们沉着应对，而总的趋势是我们控制了局面，而不是失控。说到这里，我还要重复强调一点，就是中俄关系也好，上合组织也好，都是开放的、不排它的新型合作关系。

第四点，再来专门讨论一下南边一条线。这是很麻烦的一条线，这里就包括中日关系、中越关系，而根本的问题在于美国“重返亚太”。这就是以美国同日本的军事同盟为依托为“基石”，并且以解禁日本“集体自卫权”为抓手的“重返亚太”。日本一些人说这是由于中国人在挑衅。那么我要问，钓鱼岛问题是中国人挑起来的吗？钓鱼岛自古以来就是中国领土，日本强占并在上一届内阁搞所谓钓鱼岛“国有化”制造出来的问题嘛！南海问题是中国挑起的吗？实际上中国人是主张协商的，而事实是美国人依靠军力，甚至打算用美日军盟来管控、围堵中国！

第五点，话又说回来，南线的局势是不是完全没有希望了呢？我不这样看。我认为，局势将是“两重性”的发展。美日军盟为核心的军事布局围堵中国，这是“一重性”。但是事情还有另一方面，就是经济的、贸易的、金融的、科技的、教育的合作又是实际需要。中美之间的经济合作，已经是很大规模，甚至可说是举世无双的。这种合作已经成型，并且还在发展和深化。这难道不是“两重性”？同样道理，中日之间也要深化合作。

第六点，所以，这种“两重性”的发展乃是个大趋势，而且可能成为主流。为什么可能成为主流？因为老百姓需要。最广大的人民不需要打仗，而需要上述五个方面的合作。有鉴于此，我们两国的政治家就有特别的责任，要采取清醒的路线，坚定不移地发展这五个方面的合作，而坚决抵制美日军盟的恶性膨胀。如果采取这样的清醒路线，这就叫作新时代的“新觉醒”。有这种“新觉醒”还是没有这种“新觉醒”，结果根本不同。有这种“新觉醒”，努力去做，那就意味着富裕、繁荣、发展，前景越来越好。反之，采取美日军盟路线，那是死路一条。所以，在“两重性”复杂局面下的“新觉醒”，才是我们中日两国老百姓的真正希望所在。

总而言之，我所陈述的估量，就是：“三大块”“新三角”“两条线”，再加上“大变动”“新觉醒”“两重性”，总共六个概念。

而这六个概念，又是同我在21世纪初提出的“中国和平崛起”“一大批发展中国家共同和平崛起”及“国际范围利益汇合点、利益共同体”，紧密相连的。

我当时说，我是一个谨慎的乐观主义者，我确信光明在前。亚太局势包括中日两国关系积极发展的“真正大文章”，还在后头。河野洋平表示，“我完全同意刚才郑会长提到的，不该依靠军事力量解决问题的看法。我们现在出现了不正常的情况，外交力量在下降。我认为国际问题应该通过外交来解决，特别是经济合作为基础的外交。”

到了2015年3月18日，我与美国耶鲁大学葛维宝教授就国际关系特别是中美关系的走向进行深入探讨时，又一次讨论了“三大块”“新三角”“两条线”等新情况。我强调指出南线即亚太复杂局面的根子，在美国。美国一方面说美日军盟是亚太安全的“基石”，另一方面又说美中合作是亚太安全的“核心”，而这两种说法都正式出自美国总统奥巴马的嘴巴。试问这两种说法，能够一致吗？

2012 年 3 月 18 日郑必坚在国家创新与发展战略研究会会见耶鲁大学中国中心主任葛维宝。

在谈到中国动向时，我说，我们有意愿、有诚心同美国进一步改善关系，叫作“新型大国关系”。这个方针没有变，不会变。这是非常清楚的。但是我们又面对着前面刚刚谈到的两重性复杂情况。这就逼着我们不得不作两重的分析和两手的准备。

我集中谈了一个问题，希望中美两国领导人在冷静分析形势的基础上，对中美关系在当代世界上的地位、意义及其发展前景，作出一个“大决断”。什么样的“大决断”呢？第一，中美两国关系的战略定位首先应当明确，是亚太和平稳定的“压舱石”和“核心”。这也就是说，不能承认美日军盟是亚太和平稳定的“基石”。再具体点说，不能允许在所谓“解禁集体自卫权”的名义下，让日本海空军事力量到南中国海来“巡逻”。第二，已经达成的中美合作的一系列具体协议要积极落实。第三，基于上述两点，进一步联系到天下大势尤其是亚太大势，达成郑重的中美共识。如果不是这样，而只是说一些不着边际的空话，或者仅谈一些琐细问题，没有用。这就是我所理解的"大决断"。

事实上，在这之前，2015 年 2 月 27 日，我在会见美国时任驻华大使鲍卡斯先生时，就已经讲过中美两国领导人对两国关系要作出"大决断"。我当时说，既然叫作"大决断"，那就不应是拖拖拉拉，不应是枝枝节节，不应是遮遮掩掩，更不应当面一套、背后一套，而应是立足现实而又放眼长远，把握全局而不拘泥于细节的战略判断和战略决心。

2015 年 2 月 27 日郑必坚在国家创新与发展战略研究会会见时任美国驻华大使马克斯·鲍卡斯。

总之，我认为，不管我们面对的国际局势有多么复杂，但我们自己一定要有主心骨。这个主心骨，就是要在对天下大势两重性的分析中，把握“三大块”“新三角”“两条线”变动的新情况，处理好各个国家之间的关系，扩大利益汇合点，构建利益共同体。

四、时代呼唤创新国际关系理论

我们在本书一开头，就从习近平总书记要求我们加快构建中国特色社会主义哲学社会科学的重大号召论起。现在，我们也许可以对总书记的号召做一个回应了。如果说“中国和平崛起道路”提出的是面向21世纪的中国战略，“发展中国家共同和平崛起”是面向21世纪的大势估量；那么，“利益汇合点和利益共同体”基础上的“命运共同体”，则可能构成面向21世纪的国际关系理论的根本基础。

在国际关系研究中，有现实主义、自由主义及理想主义、建构主义等各种理论。远的不说，近年来再度盛行的“地缘政治”理论，对各国外交政策的制定影响很大。我在分析冷战格局结束后的国际形势时，曾经提到国际社会关于维护国际稳定有两条大主意：一是大国主宰，二是权力平衡。但是这两个主意，都是建立在地缘政治基础上的。尼克松、基辛格的“均势论”，注重的就是权力平衡，实质就是大国争霸的地缘政治理论。而这种理论，并没有能够解决当今世界的问题。看一看今天的世界，一方面，和平和发展的时代主题没有变，和平、发展、合作、共赢的时代潮流没有变，发展中国家正在成为世界和平和发展的重要力量，邓小平预见的“世界格局多极化”正在变成现实；另一方面，天下并不太平，地区热点还在加剧，传统安全和非传统安全交织在一起，在发达国家之间、发达国家和发展中国家之间以及发展中国家之间都出现了许多新的问题。国际关系如此变动，国际关系理论要不要与时俱进，这个问题已经尖锐地摆在我们面前。

实际上，我从2002年起，就从中美关系、中欧关系及中国同广大发展中国家关系的思考中，形成中国在对外关系方面致力于扩大“利益汇合点”、构建“利益共同体”的战略构想，这一点见之于我后来向领导部门的建言。而这正是一个日益强大起来的中国（而不仅仅是刚开始改革开放时还相当落后的中国）之所以能够长期坚持走和平崛起道路的最切实路径和最深刻原因。比如在许多人看来非常复杂的中美关系，我们从两国共同应对金融危机挑战、贸易和投资的互补、众多领域的合作、热点问题的对话等方面，指出双方的利益汇合点在不断扩大。我说过：“利益汇合点积累越多，共同利益基础就愈深厚，构建利益共同体就愈具备条件，其空间无比巨大，其成效不可限量。”需要指出的是，这里实际上已经提出了一个世界各国在21世纪如何相处的问题。这是什么？我认为，这就是面向21世纪的国际关系理论。

应该讲，按照“扩大利益汇合点、构建利益共同体”的理念来处理国际关系，既正视地缘政治又超越了地缘政治。所谓“正视”，就是清醒估量地缘政治的现实；而所谓“超越”，则是认为不同地缘、不同政治制度的国家，只要在利益上有汇合点，就有可能形成不同层次和内涵的利益共同体。正是根据这样的构想，我在与多方接触中提出了一系列有关扩大“利益汇合点”、构建“利益共同体”的实际建言。

还有一个重大新因素，就是我提出的“利益汇合点和利益共同体”理论，是建立在21世纪信息化、经济全球化、世界格局多极化这“三化”发展的基础之上的。特别是信息化，只要是地球人都已经感受到了，它已经把生活在地球各个地区国家和人民的利益通过信息流和与此相联系的物流、资金流联结在一起。这样的世界变化还不大吗？而这正是国与国之间具有“利益汇合点和利益共同体”的全新客观基础。还有像经济全球化，尽管有人要扭转它的方向，倒退到贸易保护主义，但是伴随着世界市场的发展中各个经济体“你中有我、我中有你”的态势已经成型，谁也改变不了。尤其是在中国提出“一带一路”倡议后，一个全新的世界历史重大趋势，就是从过去400年中的从大西洋、太平洋兴起的海洋经济全球化，将推进到海洋经济同内陆经济打通，从而形成人类历史上前所未有的海陆经济全球化。而如此大规模的世界市场经济，带来的不就是各国经济的空前规模的“利益汇合点和利益共同体”吗？至于世界格局多极化，前几年许多人并不以为然，而现在不得不面对这一新格局，这意味着一家独大、一国独霸的世界正在离我们而去，而能够继续保持各国和平共处的，只有“利益汇合点和利益共同体”了。

需要特别强调的是，2015年7月10日，习近平总书记在俄罗斯乌法会见乌兹别克斯坦总统卡里莫夫时，强调“要牢固树立同舟共济、荣辱与共的命运共同体、利益共同体意识”；同年，10月20日，他在英国议会发表的演讲中，强调要以“利益共同体”新理念新思想引领国际关系新时代。特别是，2017年1月18日，他在联合国提出了“构建人类命运共同体”的“中国方案”。他还在党的十九大报告中呼吁“各国人民同心协力，构建人类命运共同体”，“积极发展全球伙伴关系，扩大同各国的利益交汇点”。[①]

让中国人自豪的是，习近平总书记提出的“人类命运共同体”这一新理念新思想，为21世纪人类前途命运问题指明了根本方向，获得了世界各国的高度赞赏，已经写入联合国有关文件。应当讲，以“命运共同体”为指引的“利益汇合点”、“利益共同体”理论来自于我们党一以贯之的马克思主义中国化的思想路线，来自于我们党一以贯之的和平共处五项原则和独立自主的和平外交政策，来自于中华文明一脉相承的“义利观”，同时又顺应和反映了21世纪天下大势的总趋向。显而易见，这是一种面向21世纪，强有力地表达时代总趋向和最广大人民利益和心愿的，全新的国际关系理论。

---

① 习近平：《决胜全面建成小康社会 夺取新时代中国特色社会主义伟大胜利》，人民出版社，2017年版，第58-59页。

第六章

新一轮经济全球化和中国和平崛起新前景

在论述了我们要在“构建人类命运共同体”的理念指导下，在经济全球化进程中努力形成“利益汇合点”、构建“利益共同体”这一重大理论问题后，我们再回到“中国话题”上来，讨论中国和平崛起的走向和前景。历史的发展非常有意思，在世界进入第三轮经济全球化之际，中国实行改革开放，同经济全球化相联系而不是相脱离；到了今天，当着世界迎接新一轮经济全球化的历史时刻，中国特色社会主义又恰在此时进入了“新时代”。新一轮经济全球化，新时代中国特色社会主义，相得益彰，意味着中国和平崛起在国际国内两个大局新发展下，必将展现新的发展前景。

一、中国特色社会主义进入“新时代”和中华民族伟大复兴的“中国梦”

2017年10月18日到24日，中国共产党召开了第十九次全国代表大会。这次大会对十八大以来5年历史性变革作了精辟总结，指出:“经过长期努力，中国特色社会主义进入了新时代，这是我国发展新的历史方位。”[1] 新时代，意味着中国改革开放打开新境界，近代以来久经磨难的中华民族迎来了从站起来、富起来到强起来的伟大飞跃，迎来了实现中华民族伟大复兴的光明前景。而习近平新时代中国特色社会主义思想，则是中国特色社会主义理论体系的重要组成部分，是马克思主义中国化的最新成果。

中国共产党是一个具有战略思维的党，无论在革命、建设还是在改革开放时期，以及在党所领导的伟大事业的各个发展阶段，都能够从国内大局和国际大局这“两个大局”出发，确定战略任务和行动纲领。改革开放伊始，邓小平就以中国现代化为目标制定了“三步走”的发展战略，即在20世纪80年代解决温饱问题、90年代“奔小康”，在此基础上到21世纪中叶基本实现社会主义现代化。在我们完成“奔小康”的任务后，江泽民又提出了“紧紧抓住21世纪头20年这一重要战略机遇期，全面建设小康社会”的新任务，由此形成了中国共产党所确立的“两个一百年”的奋

① 习近平:《决胜全面建成小康社会 夺取新时代中国特色社会主义伟大胜利》，人民出版社，2017年版，第10页。

斗目标。党的十八大，胡锦涛根据十六大、十七大以来“全面建设小康社会”的进展，进一步提出了“全面建成小康社会”的新要求。党的十九大，习近平宣布，今后3年是“全面建成小康社会”的“决胜期”。完成这一任务后，再奋斗30年，到21世纪中叶全面实现社会主义现代化。

为此，十九大综合分析国际国内形势和我国发展条件，制定了“分两步走”实现现代化的行动纲领。第一步，在决胜全面建成小康社会的基础上，从2020年到2035年，用15年时间，基本实现社会主义现代化。也就是说，把邓小平“三步走”战略的“基本实现社会主义现代化”的第三步战略目标，提前了15年。第二步，从2035年到21世纪中叶，再用15年时间，把我国建成富强民主文明和谐美丽的社会主义现代化强国。到那时，中华民族将以更加昂扬的姿态屹立于世界民族之林。这个宏大的战略任务，就是中国和平崛起面临的新任务。

为了实现建设社会主义现代化强国，实现中华民族伟大复兴的宏大战略任务，党的十九大强调，中国特色社会主义进入了新时代，我们要进行具有许多新的历史特点的伟大斗争，实施党的建设新的伟大工程，推进中国特色社会主义伟大事业，来实现中华民族伟大复兴的中国梦。习近平总书记说过，“中国梦”的本质是国家富强，民族振兴，人民幸福。显然，实现中华民族伟大复兴的“中国梦”，追求的是在经济全球化的背景下实现中国的和平崛起。从根本上说，一是要在经济全球化进程中坚定不移维护国家主权和领土完整，二是要始终不渝用和平的方式、文明的方式实现国家发展和社会主义现代化。

中国人关注经济全球化，是同企盼中国的现代化联结在一起的。如果从19世纪40年代的林则徐算起，从那一代中国人到现在，如果30年算一代，大约经历了五六代人。五六代人的殷殷企盼啊！至于林则徐，大家都知道他是当时中国著名的禁烟运动的领导者，但很可能不太知道他同时又是“近代中国睁开眼睛看世界的第一人”，他让人读英文报纸并摘要报皇帝，他是第一个认真思考应当学习西方工业革命成果的中国人。五、六代人，一个半多世纪的奋斗，现代化的目标还没有实现！但是在今天，经过40年改革开放，我们可以自豪地说，我们离实现中国现代化的目标越来越近了，我们离实现中华民族伟大复兴的“中国梦”越来越近了。

一切不带偏见、尊重历史、尊重事实的人们都可以看到，“中国梦”是中国道路的必然要求和必然结果。同时，要实现中华民族伟大复兴的“中国梦”，也必须坚持不懈、坚定不移走中国特色社会主义道路。改革开放的实践告诉我们，中国特色社会主义道路使我们国家在新时期空前活跃起来，快速发展起来，日益繁荣富强起来，并在同那些或经历“城头变幻大王旗”变局，或深陷“山重水复疑无路”危机的种种“主义”的国际比较中，彰显了巨大优越性和强大生命力。历史证明，走中国特色社会主义道路，是通往中华民族伟大复兴锦绣前程的必由之路。

这也就是说，“中国梦”的实现，关键在于我们自身的发展。把“中国梦”放到经济全球化的历史和时代大背景下，可以更清楚地看到这一点。比如在能源消耗上，我们就做不起在实现现代化过程中长期人均年消费25桶石油的“美国梦”。比如在人口流动上，我们不会做那种在世界近代史上曾到处建立海外殖民地来实现自身发展的“欧洲梦”。比如在增强综合国力上，我们也绝不能做一股劲地搞军备竞赛和对外“输出革命”的“苏联梦”。这里的一个重要问题就是，一定要从社会主义初级阶段的国情出发，清醒面对一系列挑战，努力实现“三个超越”：一是超越西方大国近代以来依靠殖民主义掠夺世界资源完成工业化进程的老路；二是超越当年的德国、日本等军国主义依靠发动战争来重新瓜分世界的老路；三是超越霸权主义搞超级大国争霸和争夺势力范围的老路。而要实现这“三个超越”，即实现不同于欧美国家现代化的“中国梦”，唯一的选择，就是始终不渝走中国和平崛起的新路。

二、习近平的两个演讲回答了“经济全球化向何处去？”

进入新时代的中国共产党人，遇到了一个重大的挑战。这就是我们在前面已经讲过的“经济全球化向何处去”的困扰。但是正如2017年1月17日习近平主席在世界经济论坛上强调指出的：“世界历史发展告诉我们，人类文明进步历程从来没有平坦的大道可走，人类就是在同困难的斗争中前进的。再大的困难，都不可能阻挡人类前行的步伐。遇到了困难，不要埋怨自己，不要指责他人，不要放弃信心，不要逃避责任，而是要一起来战胜困难。历史是勇敢者创造的。让我们拿出信心、采取行动，携手向着未来前进！”①

①《人民日报》2017年1月18日。

全世界人民都注意到，就在国际社会围绕经济全球化历史命运开展大辩论的重要时刻，2017年1月17日，中国国家主席习近平来到达沃斯这个阿尔卑斯山上美丽的小镇，在世界经济论坛年会开幕式上发表了重要讲话，阐述了中国对这一轮经济全球化的基本看法。第二天，即1月18日，他又到联合国日内瓦总部发表演讲。这两个重要讲话，针对全球关心的“世界不确定性”问题，回答了“经济全球化向哪里去、世界向哪里去”这个根本问题，引起了全球的关注和轰动。

历史就是这样，发端于20世纪70年代的这一轮经济全球化，至今近40年，经历了种种曲折起伏。但总体而言，40年经济全球化，意味着40年经济大发展和40年问题大积累。这就叫作经济全球化的“两重性”。当年由美国启动和主导的这一轮经济全球化，对世界经济的发展作出了重大贡献。但是它又确实带有明显缺陷，经济虚拟化为投机经济打开宽敞通道，产业空心化造成国内就业困难，社会两极分化加剧促使民粹主义急剧上升，诸如此类问题，今天在一些发达国家统统暴露以至爆发出来，而且影响及于世界。

如何应对，这里有两条路线。一条路线，是在本国“优先”的口号下，通过贸易保护主义找出路；另一条路线，则是在“人类命运共同体”的口号下，通过社会生产力包括存量和创新的合理布局，通过金融资本与实体经济的合理结合，通过全球治理优化和经济政治秩序的系统改革，以此“三通过”来推进经济全球化进入新阶段。前一条路线，是倒退路线，解决不了经济全球化进程中遇到的问题，显然不是出路。后一条路线，积极面对并妥善解决经济全球化进程中出现的新问题，进而打开新局面，才是正确抉择。后一条路线的代表，就是中国国家主席习近平阐述的“中国方案”。

这个“中国方案”，正是习近平主席在世界经济论坛和联合国日内瓦总部演讲中，在系统地回答“经济全球化向哪里去、世界向哪里去”这一当今世界各个国家最关心的问题时，深刻总结历史经验和深刻分析现实问题的基础上提出的。

首先，习近平主席从历史的视角阐述了今天世界的宏观走向。他在回答经济全球化向哪里去、世界向哪里去这个根本问题前，提出“首先要弄清楚一个最基本的问题，就是我们从哪里来、现在在哪里、将到哪里去？”他说：“回首最近100多年的历史，人类经历了血腥的热战、冰冷的冷战，也取得了惊人的发展、巨大的进步。20世纪上半叶以前，人类遭受了两次世界大战的劫难，那一代人最迫切的愿望，就是免于战争、缔造和平。20世纪五六十年代，殖民地人民普遍觉醒，他们最强劲的呼声，就是摆脱枷锁、争取独立。冷战结束后，各方最殷切的诉求，就是扩大合作、共同发展。”通过这样一个宏大的历史对比，使得我们对于今天世界面临的问题，对于经济全球化面临的问题，就可以得出一个清醒的认识。正如他所指出的：“人类正处在大发展大变革大调整时期。世界多极化、经济全球化深入发展，社会信息化、文化多样化持续推进，新一轮科技革命和产业革命正在孕育成长，各国相互联系、相互依存，全球命运与共、休戚相关，和平力量的上升远远超过战争因素的增长，和平、发展、合作、共赢的时代潮流更加强劲。”①

其次，习近平主席对于经济全球化进程中出现的问题，进行了科学的具体的分析。他深刻地指出：“我们生活在一个矛盾的世界之中，世界面临的不确定性上升。”他说，要解决这个困惑，首先要找准问题的根源。针对那种把世界乱象归咎于经济全球化的观点，他明确指出，“困扰世界的很多问题，并不是经济全球化造成的。比如，过去几年来，源自中东、北非的难民潮牵动全球，数以百万计的民众颠沛流离，甚至不少年幼的孩子在路途中葬身大海，让我们痛心疾首。导致这一问题的原因，是战乱、冲突、地区动荡。解决这一问题的出路，是谋求和平、推动和解、恢复稳定。再比如，国际金融危机也不是经济全球化发展的必然产物，而是金融资本过度逐利、金融监管严重缺失的结果。把困扰世界的问题简单归咎于经济全球化，既不符合事实，也无助于问题解决。”他还形象地说：“世界经济的大海，你要还是不要，都在那儿，是回避不了的。想人为切断各国经济的资金流、技术流、产品流、产业流、人员流，让世界经济的大海退回到一个一个孤立的小湖泊、小河流，是不可能的，也是不符合历史潮流的。”②

与此同时，他又强调指出，经济全球化是一把“双刃剑”，要对经济全球化本身进行辩证的“两重性”分析。一方面，他指出，经济全球化是社会生产力发展的客观要求和科技进步的必然结果，不是哪些人、哪些国家人为造出来的。经济全球化为世界经济增

①《人民日报》2017年1月20日。
②《人民日报》2017年1月18日。

长提供了强劲动力，促进了商品和资本流动、科技和文明进步、各国人民交往。他还说："经济全球化是历史大势，促成了贸易大繁荣、投资大便利、人员大流动、技术大发展。21世纪初以来，在联合国主导下，借助经济全球化，国际社会制定和实施了千年发展目标和2030年可持续发展议程，推动11亿人口脱贫，19亿人口获得安全饮用水，35亿人口用上互联网等，还将在2030年实现零贫困。"[①] 另一方面，他同时又指出，经济全球化确实带来了新问题。尤其引人注目的是他指出："世界经济长期低迷，贫富差距、南北差距问题更加突出。究其根源，是经济领域三大突出矛盾没有得到有效解决。""一是全球增长动能不足，难以支撑世界经济持续稳定增长。""二是全球经济治理滞后，难以适应世界经济新变化。""三是全球发展失衡，难以满足人们对美好生活的期待。"[②]

再次，习近平主席强调要以敢于直面问题、解决问题和合作应对挑战的精神状态，推进经济全球化发展。他明确指出："当前最迫切的任务，是引领世界经济走出困境。""人类历史告诉我们，有问题不可怕，可怕的是不敢直面问题，找不到解决问题的思路。面对经济全球化带来的机遇和挑战，正确的选择是，充分利用一切机遇，合作应对一切挑战，引导好经济全球化走向。"[③] 为此，他还清醒提示："反全球化的呼声，反映了经济全球化进程的不足，值得我们重视和深思。"[④]

那么，习近平主席在世界经济论坛和联合国日内瓦总部发表

①《人民日报》2017年1月20日。
②《人民日报》2017年1月18日。
③《人民日报》2017年1月18日。
④《人民日报》2017年1月18日。

的两个演讲中，为经济全球化和世界的前景给出了一个什么样的方案呢？

“让和平的薪火代代相传，让发展的动力源源不断，让文明的光芒熠熠生辉，是各国人民的期待，也是我们这一代政治家应有的担当。中国方案是：构建人类命运共同体，实现共赢共享。”① 这一“中国方案”所强调的“人类命运共同体”，就是习近平主席在这两场演讲中阐释的核心理念和核心主张。他指出，人类文明多样性是世界的基本特征，也是人类进步的源泉。世界上有 200 多个国家和地区、2500 多个民族、多种宗教。不同历史和国情，不同民族和习俗，孕育了不同文明，使世界更加丰富多彩。文明没有高下、优劣之分，只有特色、地域之别。文明差异不应该成为世界冲突的根源，而应该成为人类文明进步的动力。因此，他说构建人类命运共同体是一个美好的目标，也是一个需要一代又一代人接力跑才能实现的目标。中国愿同广大成员国、国际组织和机构一道，共同推进构建人类命运共同体的伟大进程。

近 40 年的实践证明，世界上各个国家尽管在历史文化、社会制度和意识形态上各不相同，但是在经济全球化进程中可以形成多种多样的利益汇合点，并进而在这样的利益汇合点上形成利益共同体，这就使得人类同命运、共甘苦的命运共同体获得了坚实的利益基础。习近平主席不止一次把“利益共同体”和“命运共同体”联在一起，指明了世界的出路。他提出的“人类命运共同体”理念，不仅为世界的和平和发展，为经济全球化指出了明确

①《人民日报》2017 年 1 月 20 日。

的方向，而且阐明了新一轮经济全球化应当不再是以某一个国家的利益为圭臬，而是以人类的共同利益、共同命运为宗旨的。这也就是习近平主席所指出的："引导经济全球化健康发展，需要加强协调、完善治理，推动建设一个开放、包容、普惠、平衡、共赢的经济全球化，既要做大蛋糕，更要分好蛋糕。"

总之，"构建人类命运共同体，实现共赢共享"，正是"多极化"的世界格局下推进新一轮经济全球化最为显著的特点，也应当成为新一轮经济全球化致力于构建"利益汇合点"和"利益共同体"的奋斗目标。

三、"一带一路"和新一轮经济全球化

正当世界各国热议"经济全球化向哪里去、世界向哪里去"的时候，2017 年 5 月 14 日和 15 日，"一带一路"国际合作高峰论坛在北京举行了。人们注意到，来自 130 多个国家的 1500 多名贵宾云集北京，包括 29 个国家的国家元首、政府首脑以及联合国等 70 多个重要国际组织的负责人，盛况空前。这场国际合作高峰论坛，恰逢好大一股以贸易保护主义和民粹主义为旗号的反全球化潮流在一些发达国家泛起之时，又恰逢世界各国关注经济全球化走向之时。因此，人们都期待这次峰会能够为迎接新一轮经济全球化注入强劲的动力。

"一带一路"，即"丝绸之路经济带"和"21 世纪海上丝绸之路"的简称。这是习近平主席 2013 年 9 月和 10 月先后在哈萨克

斯坦和印度尼西亚提出的倡议。而“一带一路”倡议的提出，鲜明反映了第三轮经济全球化经过近40年发展，正呼唤一个重大转折点的到来。我认为，这就是“一带一路”宏大构想得以“应运而生”的历史起点。

2017年9月19日郑必坚应邀出席在甘肃敦煌举办的“一带一路”媒体合作论坛并致辞。

“一带一路”提出仅仅四年，已获得100多个国家和国际组织的响应和参与。这种盛况由何而来？考察一下当今世界经济变动的总图景就可以理解了。在第三轮经济全球化推进过程中，出现了一方面发达经济体矛盾激化，另一方面发展中经济体共同和平崛起的新现象。根据国际货币基金组织的最新预测，2017年到2018年全球经济将有望实现近3.6%的年均增速，比过去两年3.2%的增速稍有进步，这显然是利好消息。如果进一步分析这些数据的结构，又可以发现发展中经济体的增速要快于发达经济体，可能达到4.6%，是发达经济体2%增速的两倍以上。再联系这两大经济体经济总量的历史对比，就更加发人深省。按购买力平价计，1980年，发达经济体与发展中经济体的经济总量之比是64∶36，2007年为50∶50，预计到2018年将倒过来，变为41∶59。

而这就意味着21世纪第一个10年开始的世界经济重心转移将有可能在21世纪第二个、第三个以至第四个10年在世界经济长周期大变动进程中，进一步集结经济发展新动能，包括发展中经济体大发展和发达经济体再发展，从而迎来新一轮经济全球化。我认为，这又是“一带一路”宏大构想得以“应运而兴”的历史条件。

从“应运而生”到“应运而兴”，“一带一路”宏大构想的根本历史特点是什么呢？是否可以这样说，“一带一路”贯通欧亚大陆的合作共建，标志着经济全球化正在由海洋经济全球化，大步迈向海陆经济全面打通，这样一个前所未有的经济全球化。过去的经济全球化，一轮又一轮，从大西洋到太平洋，基本上都是海洋经济的全球化。今天则完全不同，内陆经济将在打开“一带一路”的奋斗中，以巨大体量成为经济全球化的又一主体。“一带一路”整合了集装箱海运、高速公路、高速铁路、空运、互联网、现代网络金融产品等新老工具，建设物流大通道、资本大通道、科技大通道、文化大通道，全方位打通海洋经济和内陆经济，从而全面带动中国东中西部的经济跃升，全面带动欧亚大陆从东到西以至联通非、美大陆的经济合作和发展。新一轮经济全球化的最大历史新特点，就在这里。

我们记得，“一带一路”提出之初，有人把它说成是中国过剩产能的转移，有人称它是中国版的“马歇尔计划”，还有人甚至说是新殖民主义，或者说是要排斥欧美。凡此种种，都是以“零和博弈”的狭隘思维看问题，而不懂得“一带一路”宏大构想的本质是“合作”，是利益汇合点、利益共同体、命运共同体，是顺应新一轮经济全球化的时代潮流而提出的“合作共建”战略构想。

当然，我们同时清醒认识，各国携手共建“一带一路”这件大事，决非轻而易举，更不可能一蹴而就，而是应当确立打持久战的精神准备。由此而决定了我们要合作，要同一切致力于“一带一路”的相关方合作，而且一定要长期合作。

在 2017 年 5 月 14 日“一带一路”国际合作高峰论坛开幕式上，习近平主席在主题演讲中阐述了共商共建共享“一带一路”的宏大构想。他说，我们要将“一带一路”建成和平之路、繁荣之路、开放之路、创新之路、文明之路。

“和平之路”，就是要构建以合作共赢为核心的新型国际关系，打造对话不对抗、结伴不结盟的伙伴关系。各国尊重彼此主权、尊严、领土完整，尊重彼此发展道路和社会制度，尊重彼此核心利益和重大关切。树立共同、综合、合作、可持续的安全观，营造共建共享的安全格局。着力化解热点，坚持政治解决；着力斡旋调解，坚持公道正义；着力推进反恐，标本兼治，消除贫困落后和社会不公。

“繁荣之路”，就是要聚焦发展这个根本性问题，释放各国发展潜力，实现经济大融合、发展大联动、成果大共享。各国通过产业合作、金融保障、设施联通等措施，实现互联互通，保持经济增长活力。

2013 年 1 月 17 日郑必坚在云南调研。

“开放之路”，就是要以开放为导向，解决经济增长和平衡问题。各国要打造开放型合作平台，维护和发展开放型世界经济，共同创造有利于开放发展的环境，推动构建公正、合理、透明的国际经贸投资规则体系，促进生产要素有序流动、资源高效配置、市场深度融合。各国可以结合自身国情，积极发展开放型经济，参与全球治理和公共产品供给，携手构建广泛的利益共同体。在促进贸易和投资自由化便利化的同时，也要着力解决发展失衡、治理困境、数字鸿沟、分配差距等问题，建设开放、包容、普惠、平衡、共赢的经济全球化。

“创新之路”，就是要向创新要动力。坚持创新驱动发展，加强在数字经济、人工智能、纳米技术、量子计算机等前沿领域合作，推动大数据、云计算、智慧城市建设，连接成 21 世纪的数字丝绸之路。促进科技同产业、科技同金融深度融合，优化创新环境，集聚创新资源。为互联网时代的各国青年打造创业空间、创业工厂，成就未来一代的青春梦想。同时，要践行绿色发展的新理念，倡导绿色、低碳、循环、可持续的生产生活方式，加强生态环保合作，建设生态文明，共同实现2030年可持续发展目标。

“文明之路”，就是要以文明交流超越文明隔阂、文明互鉴超越文明冲突、文明共存超越文明优越，推动各国相互理解、相互尊重、相互信任。建立多层次人文合作机制，搭建更多合作平台，开辟更多合作渠道。推动教育合作、发挥智库作用，并在文化、体育、卫生领域创新合作模式，用好历史文化遗产，联合打造具有丝绸之路特色的旅游产品和遗产保护。

通过这样的国际合作，把“一带一路”建成和平之路、繁荣之路、开放之路、创新之路、文明之路，使之成为推动新一轮经济全球化到来的强劲动力和重要标志。可以说，这就是这次各个国家的元首和政府首脑以及国际组织领导人在北京历史性聚会的意义所在。

四、建设“以人民为中心”的网络强国和新一轮经济全球化

同新一轮经济全球化相联系的中国现代化，还要考虑当今世界信息化、网络化日新月异发展的新情况。这就要求工业化与信息化二者并举且密切结合，而这正是中国作为后发现代化大国在

21 世纪上半叶所不能不面对的，世界历史上前所未有的历史壮举。

互联网在中国的迅猛发展是一件大事。不仅是科学技术领域的深刻革命，而且体现了人类文明的新觉醒，标志着人类文明正进到一个全新的时代。习近平总书记以宽广的世界眼光和敏锐的政治判断力，深刻指出："从社会发展史看，人类经历了农业革命、工业革命，正在经历信息革命。"我国接入国际互联网 20 多年来，不仅已使 7 亿网民享受到了互联网这一新空间新平台带来的新生活，而且全社会都感受到了我国交往方式、生活方式、生产方式的巨大变化，以及由此而来的经济、政治、军事、文化等各个领域的巨大进步。这样的历史大变动，生动反映了近代史上曾经错失工业革命机遇的中国人，今天抓住了信息革命的历史机遇。

2016 年 11 月 17 日郑必坚在第三届世界互联网大会互联网国际高端智库论坛上发表演讲。

近年来，习近平总书记围绕信息化、网络化和网信事业发展问题，发表了一系列重要讲话。这些讲话，提出了"以人民为中心”推动网信事业发展的深刻观念，并且围绕这个观念，系统阐述了建设网络良好生态，突破核心技术，正确处理安全和发展关系，增强互联网企业使命感责任感，以及为网络事业提供人才支撑等一系列重大问题。放眼世界范围互联网迅猛发展的态势，联系我国网络安全和信息化工作面临的新情况新问题，更加清晰地看到建设“以人民为中心”的网络强国，既是新一轮经济全球化的要求，又是中国和平崛起一个极其重要的战略构成部分。

我们正处在一个信息革命日新月异的新时代。能否正确认识和把握这个时代，是我国网信事业能否健康发展的前提。在网信工作座谈会上，习近平总书记鲜明而又坚定地强调：“网信事业要发展，必须贯彻以人民为中心的发展思想。”我们的网信事业从本质上来说是人民的大事业，推动网信事业发展是为了人民。

首先，中国的网信事业是人民的事业。“以人民为中心”六个大字，指明了中国的网信事业不姓别的，姓的是“人民”。而当前在国际范围，网信时代究竟是强权称霸时代，还是人民为中心的时代，这可是摆在世界面前的一个大是大非问题。自从互联网诞生以来，世界各国在这个问题上的基本立场和基本方针大相径庭。有的是为了控制世界舆论，有的甚至把互联网作为干涉别国内政甚至颠覆别国政权的工具。凡此种种，都从根本上背离了互联网应有的时代精神。我们一定要以高度自觉，建设“以人民为中心”的互联网，坚持网信事业是人民的大事业、网信时代是人民的大时代。这就是我们中国人在对待互联网发展问题上的世界观。

其次，推动我国网信事业发展是为了使互联网更好造福人民。习近平总书记的重要讲话，贯穿着一条基本的“办网”路线，就是为人民办好互联网。中国网信事业的发展，从大处讲，是为了抓住机遇，赶上时代，实现中华民族的伟大复兴；从细处讲，是为了给人民提供用得上、用得起、用得好的信息服务，“让亿万人民在共享互联网发展成果上有更多获得感”。特别是，习近平总书记还满怀对广大农村人民的深厚感情，专门强调指出“农村互联网基础设施建设是我们的短板”，要求“加快农村互联网建设步伐，扩大光纤网、宽带网在农村的有效覆盖”，表明了中国经由解决农村互联网短板来解决“数字鸿沟”这一世界性难题的决心。从指导方针，到具体要求，事事处处想的都是“造福人民”。这就是我们中国人在对待互联网发展问题上的价值观。

再次，建设网络良好生态是为了发挥网络引导舆论、反映民意的作用。互联网是一个社会信息大平台，亿万网民在上面获得信息、交流信息。这对他们的求知途径、思维方式和价值观念，特别是对他们关于国家、关于社会、关于工作、关于人生的看法，都会产生重要影响。而且正如习近平总书记所说，网民大多数是普通群众，来自四面八方，各自经历不同，观点和想法肯定是五花八门的，其中也还会有这样那样的怨气怨言、偏颇看法。那么怎样对待这种情况呢？有种观点认为，互联网太复杂、难治理，不如一封了之、一关了之。习近平总书记针对这种观点明确指出：“这种说法是不正确的，也不是解决问题的办法。中国开放的大门不能关上，也不会关上。”他还进一步深刻指出：“网络空间是亿万民众共同的精神家园。”“网民来自老百姓，老百姓上了网，民意也就上了网。”因此，他要求各级党政机关和领导干部都要善于运用网络了解民意，学会通过网络走群众路线。特别是，他强调对网民的观点和看法要“多一些包容和耐心”，“为了实现我们的目标，网上网下要形成同心圆。”这就是我们中国人的网络群众观。

最后，推动网信事业前进靠的是人民。坚持以人民为中心的“办网”路线，不仅要“为人民”，还要“靠人民”。无论网络发展还是网络治理都要依靠人民，推动网信事业从“单向管理”向“双向互动”的治理转变。习近平总书记进一步强调，一要调动人民群众的积极性，包括增强互联网企业的使命感和责任感；二要接受人民群众对互联网的监督。人民的监督和批评，不论是对党和政府工作的还是对领导干部个人的，也不论是和风细雨的还是忠言逆耳的，不仅要欢迎，还要认真研究和吸取。我们高兴地看到，中国相继发布了一系列关于网信事业发展的重要决定和法案。包括《国家创新驱动发展战略纲要》、《国家信息化发展战略纲要》、《国家网络空间安全战略》、《网络空间国际合作战略》、《国家网络安全法》和《大数据产业发展规划（2016–2020 年）》，等等。

今天，中国人民正在充满自信地拥抱网信新时代。面对信息革命的挑战，“拥抱时代”才能“发展中国”。正如习近平总书记所指出：“我国经济发展进入新常态，新常态要有新动力，互联网在这方面可以有大作为。”

那么，怎样在经济新常态下依托互联网，形成发展的新动力呢？习近平总书记强调提出的“打通经济社会发展的信息‘大动脉’”这样一句话，打开了视野和思路。这就是“以信息流带动技术流、资金流、人才流、物资流，促进资源优化配置，促进全要素生产率大幅度提升，为推动创新发展、转变经济发展方式、调整经济结构发挥积极作用”。如同中医所说打通“任”“督”二脉[①]的功力那样，打通信息“大动脉”，正在成为新常态下中国经济发展的新动力。

首先，这种新动力体现在当代中国人民的生产力上。从工业革命发展到信息革命，导致生产力和生产方式的重大变革。基于互联网和大数据技术而迸发出的新型生产力，将为人类创造无穷的新资源、新财富、新空间。数据可以复用，信息可以共享，这是网络空间超越以往实体空间的本质特征，也是可以撬动人类走向新文明的强大杠杆。

其次，这种新动力体现在当代中国人民的国防力上。信息技术孕育了信息武器的发展，形成信息优势以至改变战争与防务格局。与此同时，在网络空间成为第五维疆域以后，网络空间安全更上升为主权国家第一层级的安全威胁。大家熟知的全球性安全事件一再证明，国家有国界，网络威胁无国界，在网络世界谁也不能独善其身。发展网络国防力量，构建新型防卫体系，也是我国开展国际合作，维护世界网络空间和平与发展的大国责任。

再次，这种新动力体现在当代中国人民的文化力上。网络化开启民智，提升人们的素质、能力，现代人接受的信息量是过去任何一个时代无法比拟的。电视、电话、数据三网合一，以新媒体、自媒体、网络语和表情包等来表意的“网络文”，充分利用碎片化传播，其流行度和影响力远远超出传统媒体，对网民尤其是青年一代的影响堪比中国100年前的“白话文”运动。而且，今

---

① 根据中医理论，任督二脉位于不同的穴位上，分别控制人体的阴阳能量流动。任督通则百脉皆通。

天的“网络文”又是世界范围的，是中华文明复兴同世界潮流相交汇的重大契机。互联网文化和创意文化产业也已脱颖而出，网络跨文化的传播力量不可估量。

最后，这种新动力还体现在当代中国人民的治理力上。今天我国十三亿多人口中的相当大一部分，正在社会大变动中，在地区间、城乡间、行业间（还有国内境内与国外境外之间）以多种方式和巨大规模，流动起来。这种“人的流动”，是在改革开放和社会主义市场经济所开辟的社会大变动、人员大迁徙的广阔空间中，随着经济成分、就业方式、组织形式等发生重大变化而形成的。具有这样改革开放历史特点而又如此巨大规模的“人的流动”，在中国历史和世界历史上都还不曾有过，真正可以叫作“史无前例”，叫做“举世无双”。广大的“人流”，加上活跃的“资金流”、“物资流”、“信息流”和“意识（思潮）流”，是一个大趋势，是一个影响及于当代中国社会各个方面的大趋势。在新的时代，在工业化、城镇化、市场化、信息化、国际化这样全新社会大变动达到新水平的历史进程中，在不动摇地坚持发展社会生产力这个中心的牢靠物质基础上，在经历了中华人民共和国成立后近 30 年“组织起来”（第一大段）、改革开放 30 多年“活跃起来”（第二大段）之后，当代中国将有望开辟一个更加活跃而又更加有序、更加和谐的崭新阶段。新的时代，中国人善处自己，进一步练好“内功”，真正发挥好了这个治理力，推进国家治理体系和治理能力现代化，完善和发展中国特色社会主义制度，那么中国这个在 21 世纪上半叶“和平崛起”的大国，就将如毛泽东在上世纪

50年代所提出的“将变为一个大强国而又使人可亲”。①

说到这里，还要特别强调一点，网信产业发展规律启示我们，生产力始终是推动社会发展和进步的根本动力，新生产力始终是推动社会发展和进步的根本的新动力。离开了生产力的发展和进步，就没有社会的发展和进步。网信产业发展规律同时启示我们，创新性是生产力发展和进步的唯一标准。没有创新就意味着停滞，而停滞就会被淘汰。中外有不少知名企业和企业家就是由于没有预见到网信事业这种特殊性，而不断地被追赶者边缘化。尽管中国在某些网信领域与发达国家还有不小差距，但中国不乏创新基因。中华民族是一个具有极强创造力的民族，近年来网信领域的诸多创新已经引领世界潮流。比如网信商业模式的创新，产品的创新，营销的创新，管理的创新，金融的创新，等等。一切善于推进“互联网＋”和“＋互联网”的企业，都有可能打开共享经济带来的可持续发展空间和潜力。清醒把握这个大趋势大方向，新机遇就在前头。

在从1994年我国全面接入互联网至今的网信事业“上半场”，中国共产党已经敏锐地抓住了历史给中国的一次难得机遇，带领中国人民难得地站在了全球朝阳产业的第一方阵中。在中国网信事业发展的“下半场”，我们坚信，在以习近平同志为核心的党中央领导下，中国人民一定能够创造更加灿烂的辉煌。

总之，我们正在信息革命中迎来一个全新的时代。新时代需要新觉醒，新空间开启新文明。在这种新文明形成发展过程中，

① 毛泽东：《在南京上海党员干部会议上讲话的提纲》，《建国以来毛泽东文稿》第6册，中央文献出版社，1992年版，第405页。

中国人民的生产力、国防力、文化力、治理力这“四力”在同互联网的联系和结合中相互渗透，相互转化，必将创造前所未有的人类奇迹。

2012 年 10 月 29 日郑必坚在新疆伊尔克什坦口岸调研。

五、和平和发展的时代主题没有变，和平崛起的发展道路要深化

在今天，要坚持和平和发展这个时代主题，必须直面全球和平和发展面临的各种各样新情况、新态势、新问题，坚持和深化中国和平崛起的发展道路。

中国的发展，如前所说，关键在于中国人民在中国共产党领导下，走出了一条适合中国国情的发展道路。中国的和平崛起发

展道路，是在同经济全球化相联系而不是相脱离的进程中，独立自主建设中国特色社会主义的全新道路。中国在这条道路上还要再走 30 多年，到 21 世纪中叶中国全面实现现代化，就可以算是真正实现崛起了。而同过去近 40 年的经济全球化相比，新一轮经济全球化也必将一以贯之坚持贸易和投资自由化便利化的原则，同时克服将本国利益和全球利益、国内资本利益和人民利益割裂开来、对立起来的陈旧观念的束缚，解决过去的经济全球化进程中出现的发展失衡、治理困境、数字鸿沟、分配差距等问题，建设开放、包容、普惠、平衡、共赢的经济全球化。而同这样的经济全球化相联系而不是相脱离的中国和平崛起之路，也必将在“人类命运共同体”理念的指导下，展现出新的前景。

第一，中国和平崛起新前景，新在和平和发展的时代主题和世界格局多极化、经济全球化、社会信息化、文化多样化的背景下，以构建人类命运共同体为目标，深化和平崛起新道路。

中国人始终认为，世界好，中国才能好；中国好，世界才更好。习近平总书记在联合国日内瓦总部发表的演讲中指出，中国维护世界和平的决心不会改变；中国促进共同发展的决心不会改变；中国打造伙伴关系的决心不会改变；中国支持多边主义的决心不会改变。这“四个不会改变”，向全世界表明了中国将始终不渝走和平发展道路。其实，几千年来，“和平”融入了中华民族的血脉中，刻进了中国人民的基因里。数百年前，即使中国强盛到国内生产总值占世界 30% 的时候，也从未对外侵略扩张。1840 年鸦片战争后的 100 多年里，中国频遭侵略和蹂躏之害，饱受战祸和动乱之苦。孔子说，己所不欲，勿施于人。中国人民深信，只有和平安宁才能繁荣发展。新中国成立以来，特别是改革开放以来，中国始终坚持独立自主的和平外交政策，在和平共处五项原则基础上同所有国家发展友好合作；中国还率先把建立伙伴关系确定为国家间交往的指导原则，同 90 多个国家和区域组织建立了不同形式的伙伴关系。中国将进一步在和平崛起进程中联结遍布全球的“朋友圈”。中国将始终不渝走和平发展道路。无论中国发展到哪一步，中国永不称霸、永不扩张、永不谋求势力范围。历史已经并将继续证明这一点。

与此同时，我们都知道，这个世界正在发生天翻地覆的历史性巨变。从东西方两极对峙冷战，到两极格局终结后出现“一超多强”，再到“G20”共治，直到形成“多极化”世界格局，国际社会正在按照这样的历史逻辑，一步一步向前推进。伴随着“一带一路”的推进，一个以美国为首的西方发达国家主导的经济全球化，正在向各国共商、共建、共享的经济全球化发展。特别是，中国在这样的历史性转折过程中，举起了“人类命运共同体”的旗帜，并将在这面旗帜下继续循着和平崛起的发展道路前进。习近平总书记在联合国日内瓦总部发表的演讲中指出:“中国将继续奉行互利共赢的开放战略，将自身发展机遇同世界各国分享，欢迎各国搭乘中国发展的‘顺风车’。”“1950 年至 2016 年，中国累计对外提供援款 4000 多亿元人民币，今后将继续在力所能及的范围内加大对外帮扶。国际金融危机爆发以来，中国经济增长对世界经济增长的贡献率年均在 30% 以上。未来 5 年，中国将进口 8 万亿美元的商品，吸收 6000 亿美元的外来投资，中国对外投资总额将达到 7500 亿美元，出境旅游将达到 7 亿人次。这将为世界各国发展带来更多机遇。”[1] 中国政府已经正式对外宣布，将努力构建总体稳定、均衡发展的大国关系框架和同发展中国家、周边国家等方方面面的关系，包括：（1）中国将积极同美国发展新型大国关系；（2）中国将同俄罗斯发展全面战略协作伙伴关系；（3）中国将同欧洲发展和平、增长、改革、文明伙伴关系；（4）中国将同金砖国家发展团结合作的伙伴关系；（5）中国还将继续坚持正确义利观，深化同发展中国家务实合作，实现同呼吸、共命运、齐发展；（6）中国将按照亲诚惠容理念同周边国家深化互利合作；（7）中国将秉持真实亲诚对非政策理念同非洲国家共谋发展；（8）中国将推动中拉全面合作伙伴关系实现新发展；（9）中国作为联合国创始成员国，是第一个在联合国宪章上签字的国家，中国将坚定维护以联合国为核心的国际体系，坚定维护以联合国宪章宗旨和原则为基石的国际关系基本准则，坚定维护联合国权威和地位，坚定维护联合国在国际事务中的核心作用。

总之，如同习近平总书记在中国共产党与世界政党高层对话会上所阐述的，人类命运共同体，顾名思义，就是每个民族、每个国家的前途命运都紧紧联系在一起，应该风雨同舟，荣辱与共，努力把我们生于斯、长于斯的这个星球建成一个和睦的大家庭，把世界各国人民对美好生活的向往变成现实。我们的目标，就是要努力建设一个远离恐惧、普遍安全的世界；努力建设一个远离贫困、共同繁荣的世界；努力建设一个远离封闭、开放包容的世界；努力建设一个山清水秀、清洁美丽的世界。他强调说，只要

---

①《人民日报》2017 年 1 月 20 日。

各方树立人类命运共同体理念，一起来规划，一起来实践，一点一滴坚持努力，日积月累不懈奋斗，构建人类命运共同体的目标就一定能够实现。这些重要思想，展现了新一轮经济全球化大潮中中国和平崛起发展道路的新前景。

第二，中国和平崛起新前景，新在中国将“以人民为中心”推进创新、协调、绿色、开放、共享发展，深化和平崛起新道路。

在中国和平崛起的进程中，多年来，我们遇到了资源特别是能源的挑战、发展环境特别是生态环境的挑战、经济与社会发展不够协调的挑战。中国人均资源占有量，在全世界排在后列，但是，由于发展速度快而科技和工艺总体水平低，中国制造业的单位和总量的资源消耗包括能耗，却排在世界前列。再加上随着世界制造业向中国大规模转移，也带来一定程度的“能耗转移”，就使得资源特别是能源的短缺，成为困扰中国和平崛起的一大难题。中国在快速工业化和现代化进程中所出现的环境污染严重、生态状况恶化、资源耗费巨大而回收率低等问题，已成为中国经济保持可持续发展的瓶颈。中国在经济社会发展中面临着一系列两难的问题，包括怎么样在经济与社会协调发展过程中既要使经济快速增长，又要加快社会建设步伐；既要加快技术进步和产业升级，又要扩大社会就业；既要保持东部地区的强劲发展势头，又要促使东中西部共同发展；既要推进城市化，又要从各方面反哺农村；既要注重公平、缩小差距，又要保持活力、提高效率；既要扩大吸引外资，又要优化引资结构；既要以市场换技术，又要增强科技自主创新；既要深化各项改革，又要保持社会稳定；既要推进市场竞争，又要关心困难群众的生产生活问题，等等。解决这一系列挑战和两难问题，都不能只顾一头，不顾另一头，而是要求有一系列的统筹兼顾，实现经济社会持续健康发展。

党的十八大以来，以习近平为核心的党中央深入思考和研究了这些问题，认为我国经过30多年快速发展，现在面临的是过去从来没有过的经济新常态，不能再以片面追求GDP为中心，提出了“以人民为中心”的发展思想，以及体现这一发展思想的创新、协调、绿色、开放、共享发展新理念。在“一带一路”国际合作高峰论坛上，习近平总书记在论述了“一带一路”是和平之路、繁荣之路、开放之路、创新之路、文明之路后，也明确指出“当前，中国发展正站在新的起点上。我们将深入贯彻创新、协调、绿色、开放、共享的发展理念，不断适应、把握、引领经济发展新常态，积极推进供给侧结构性改革，实现持续发展，为‘一带一路’注入强大动力，为世界发展带来新的机遇。”[①]

显而易见，同是“和平崛起”，今天的“崛起”，是以高质量增长为目标的崛起；是各个方面协调发展共享发展的崛起；是绿色低碳化发展的崛起。贯穿于其中的核心思想，就是“以人民为中心”。党中央强调要把增进人民福祉、促进人的全面发展作为发展的出发点和落脚点。这些重要思想，展现了新一轮经济全球化大潮中中国和平崛起发展道路的新前景。

第三，中国和平崛起新前景，新在从新时代的历史方位出发，全方位推进改革开放，把中国人民的生产力推进到前所未有的居于世界前列的历史新高度，深化和平崛起新道路。

---

①《人民日报》2017年5月15日。

这是面对新一轮经济全球化，中国和平崛起发展道路的又一新特点。在世界经济论坛的重要讲话中，习近平总书记在论述中国道路时指出："经过38年改革开放，中国已经成为世界第二大经济体。道路决定命运。中国的发展，关键在于中国人民在中国共产党领导下，走出了一条适合中国国情的发展道路。"① 他强调中国的发展道路，是一条从本国国情出发确立的道路，一条把人民利益放在首位的道路，一条改革创新的道路，一条在开放中谋求共同发展的道路。也就是说，中国是立足自身国情和实践，从中华文明中汲取智慧，博采东西方各家之长，坚守但不僵化，借鉴但不照搬，在不断探索中形成了自己的发展道路。也就是说，中国秉持以人民为中心的发展思想，把改善人民生活、增进人民福祉作为出发点和落脚点，在人民中寻找发展动力、依靠人民推动发展、使发展造福人民。包括中国坚持共同富裕的目标，大力推进减贫事业，让7亿多人口摆脱贫困，正在向着全面建成小康社会目标快步前进。也就是说，中国坚持通过改革破解前进中遇到的困难和挑战，敢于啃硬骨头、涉险滩，勇于破除妨碍发展的体制机制障碍，不断解放和发展社会生产力，不断解放和增强社会活力。党的十八大以来，我们在之前30多年不断改革的基础上，又推出了1200多项改革举措，为中国发展注入了强大动力。

说到这里，我还要说，我们永远深情记得毛泽东在党的七大上的报告里一段话："中国一切政党的政策及其实践在中国人民中所表现的作用的好坏、大小，归根到底，看它对于中国人民的生

①《人民日报》2017年1月18日。

产力的发展是否有帮助及其帮助之大小，看它是束缚生产力的，还是解放生产力的。”[①] 联系到今天，整个社会主义初级阶段有一项贯通全程的任务，就是“中国人民的生产力”需要持续的提质增效的大发展。中国特色社会主义进入新时代，这是完成社会主义初级阶段全部战略任务的关键时期。恰恰在这个时期，出现了两个史无前例的大事件，一是“新时代”和新一轮经济全球化相结合，二是工业化、现代化和信息化、新科技革命相结合。以科技这个“第一生产力”牵头的中国人民的现代生产力正以群体迸发之势，为“新时代”注入了新活力。这也是中国和平崛起的新机遇。抓住这个机遇，才能把中国人民的生产力在 21 世纪中叶，推进到居于世界前列的新高度。

第四，中国和平崛起新前景，还新在中国将给世界上那些既希望加快发展又保持自身独立性的国家和民族提供全新选择，提供必要帮助，推动世界各国特别是发展中国家共同和平发展，深化和平崛起新道路。

中国共产党是为中国人民谋幸福的党，也是为人类进步事业而奋斗的党。习近平总书记在中国共产党与世界政党高层对话会上说，中国共产党所做的一切，就是为中国人民谋幸福、为中华民族谋复兴、为人类谋和平与发展。我们要把自己的事情做好，这本身就是对构建人类命运共同体的贡献。我们也要通过推动中国发展给世界创造更多机遇，通过深化自身实践探索人类社会发展规律并同世界各国分享。与此同时，他强调，我们不“输入”

① 毛泽东：《论联合政府》，《毛泽东选集》，第三卷，人民出版社，1991 年版，1079 页。

外国模式，也不“输出”中国模式，不会要求别国“复制”中国的做法。

在“一带一路”国际合作高峰论坛上，习近平总书记曾经指出，中国愿在和平共处五项原则基础上，发展同所有“一带一路”建设参与国的友好合作。我们推进“一带一路”建设不会重复地缘博弈的老套路，而将开创合作共赢的新模式；不会形成破坏稳定的小集团，而将建设和谐共存的大家庭。中国愿同世界各国分享发展经验，但不会干涉他国内政，更不会强加于人。自从中国提出“一带一路”倡议以来，已经同很多国家达成了务实合作协议，其中既包括交通运输、基础设施、能源等硬件联通项目，也包括通信、海关、检验检疫等软件联通项目，还包括经贸、产业、电子商务、海洋和绿色经济等多领域的合作规划和具体项目。中

2017 年 8 月 8 日郑必坚在甘肃调研。

国将积极同“一带一路”建设参与国发展互利共赢的经贸伙伴关系，促进同各相关国家贸易和投资便利化，建设“一带一路”自由贸易网络，助力地区和世界经济增长。

习近平总书记还宣布，中国将加大对“一带一路”建设资金支持，向丝路基金新增资金1000亿元人民币，鼓励金融机构开展人民币海外基金业务，规模预计约3000亿元人民币。中国国家开发银行、进出口银行将分别提供2500亿元和1300亿元等值人民币专项贷款，用于支持“一带一路”基础设施建设、产能、金融合作。我们还将同亚洲基础设施投资银行、金砖国家新开发银行、世界银行及其他多边开发机构合作支持“一带一路”项目，同有关各方共同制定“一带一路”融资指导原则。我们还将向“一带一路”沿线发展中国家提供20亿元人民币紧急粮食援助，向南南合作援助基金增资10亿美元，在沿线国家实施100个“幸福家园”、100个“爱心助困”、100个“康复助医”等项目。我们将向有关国际组织提供10亿美元落实一批惠及沿线国家的合作项目。可以这样说，中国积极推进“一带一路”沿线国家的互利共赢建设，是为了更好地推动发展中国家共同和平崛起的重大举措。

这一切，有力地证明了中国共产党始终把为人类作出新的更大的贡献作为自己的使命。从而也展示了中国人民愿同各国人民一道，在和平和发展的时代主题和世界格局多极化背景下，推动人类命运共同体建设，各个国家共同和平崛起的真诚愿望。这些重要思想，也展现了新一轮经济全球化大潮中中国和平崛起发展道路的新前景。

结束语："思考的历程"二十五点

在结束全部书稿之际，我愿以最简洁方式，再来梳理一下我关于经济全球化与中国和平崛起问题的思考历程的一条主线。

集中起来说，这条主线就是一大句话——在和平和发展成为时代主题的历史条件下，在同经济全球化相联系而不是相脱离的进程中，独立自主地建设中国特色社会主义，实现中国的和平崛起。

展开一点说，这条主线包含以下二十五点：

第一，在我看来，全部事情的前提，是从当前国内和国际"两个大局"而来的"大变动"。"中国大变动"，是指 1978 年中国共产党决定实行改革开放。"世界大变动"，是指大体同时，即越南战争、阿富汗战争结束后，世界进入以和平和发展为总背景，以第三轮经济全球化启动为特征的这样一个新时期。

第二，与"大变动"相联系的中国"新觉醒"，实质即是以"赶上和引领时代"——面向经济全球化、面向现代化为内涵的改革开放和新时期爱国主义。爱国主义是建设中国特色社会主义的巨大精神力量。

第三，由"大变动、新觉醒"而来的一个重大命题，集中为一点，就是"中国和平崛起的战略道路"。我对这条道路的表述是：“在同经济全球化相联系而不是相脱离的进程中，独立自主地建设中国特色社会主义。”

第四，以这条中国和平崛起道路为核心，展开为“中国路·中国梦·中国心”。我强调说明，之所以用“和平崛起”这个提法，乃是特指中国从上世纪70年代末开始实行改革开放，经过“温饱”、“初步小康”和“全面小康”几个段落，直到21世纪中叶全面实现现代化，总共大约70年以实现历史性“崛起”的，通称为“社会主义初级阶段”的这一时段。至于中国整个社会主义的长得多的历史时期，从头到尾，是“发展”，是“和平发展”。

第五，“和平崛起”的提法，还有另一层特殊针对性，即回答某些国际舆论。“和平”是回答“中国威胁论”，“崛起”是回答“中国崩溃论”。

第六，与此同时，我又一贯强调提出：当今世界，不仅中国，而且“一大批发展中国家，都在努力实现各有自己特色的共同和平崛起”，我把这叫作“共同和平崛起”。今后10年是发展中国家“共同和平崛起”的关键时期，而发达国家则是“再发展”。

第七，“两重性”——世间一切事物无不具有“两重性”，即有正面和负面、成功和失败的两种可能性。我认为这是一种重要的思想方法和精神准备，这也是我在论及“清醒把握大局”时一贯反复强调的。

第八，在“大变动”、“新觉醒”和“两重性”的基础上，我又在2002年，在论述“和平崛起”的同时，专门就如何正确处理国际关系问题，强调地提出了“国际范围的利益汇合点，及不同层次和内涵的利益共同体”，认为这应成为新时期构建国家间关系的长远重大命题。这个命题的提出，引起了美国战略家基辛格、布热津斯基等人的注意和认同，国际智库“21 世纪理事会”也决定把这个命题作为自己的“指导观念”。

第九，至于当前国际大局，我认为中、美、俄三大国正形成不同于冷战时期那种“大三角”的关系。虽然实力不等，但大势已成，我谓之“新三角”。

第十，至于中国当前周边形势，北线、南线很不相同，我把这叫做“两条线”。

第十一，至于各种形式的剧烈动荡和地缘政治冲突，包括恐怖主义、民粹主义等等以至传统形式的战争危险，我认为对此无需惊慌，但也不能掉以轻心。

第十二，至于世界经济，我认为国际金融危机深层次影响仍未根本消除，世界经济复苏存在不确定因素，气候、资源、粮食、金融等非传统安全问题更加突出，全球治理问题亟待解决。

第十三，国际金融危机和方兴未艾的新科技革命，又催生了世界范围社会生产力结构的重大变革。以智能、网络技术为核心的新科技革命和产业革命日益展露其锋芒。

第十四，各大国经济发展方式将发生重大变动，由此又将决定各自相对地位的进一步变化。

第十五，从大国动向来看，归根到底，无非三种作为：一是继续冷战思维，二是发动局部热战，三是谋求共同发展，互利共赢，构建利益汇合点和利益共同体。对于前两种作为，我们第一反对、第二不怕，那一套没有前途，而且中国人也都成功地应对过。中国的抉择是第三种，即在经济全球化条件下，在努力搞好自身力量建设的基础上，走和平崛起的发展道路，全方位地与世界一切相关国家和地区发展“利益汇合点”，构建不同内容不同层次的“利益共同体”。这里所说“全方位”，即是说，包括中国与美国，中国与欧洲，中国与亚洲其他国家尤其是周边国家，中国与非洲，中国与拉美等等，而决不是排他性的。

第十六，当前最新变局，一个方面是西方发达国家首先是美国，掀起一大股逆全球化的思潮政潮。另一方面是新兴国家共同和平崛起势头方兴未艾。尤其是中国发起的“一带一路”宏伟构想布局展开，标志着一个历史转折点正在到来。——前 40 年的第三轮经济全球化走到尽头，世界将经过一个较长过渡期而迎来经济全球化新阶段，即第四轮经济全球化。

第十七，除了其他特征之外，第四轮经济全球化将可能有两大方面特征——一是新兴经济体的经济总量占比超过发达经济体的大趋势将持续下去。二是随着“一带一路”构想的布局展开和长期努力，将把经过几百年历史形成的从大西洋到太平洋的“海洋经济全球化”，推进到“海洋和内陆打通的海陆经济全球化”。

第十八，无论国际关系怎样变化，人类仍将在一个很长时期内处在主权国家的历史阶段。

第十九，纵观天下大势，无论对中国还是对世界，仍然存在机遇和挑战相交织而机遇大于挑战的根本走向。在大国关系的新一轮调整中，中国继续处于主动地位。我们对 21 世纪第二个十年中国的和平崛起发展，仍然充满信心。

第二十，伴随“大变动、新觉醒”和种种变局而来的，是国际国内思潮激荡。我把这叫做“20 世纪后期到 21 世纪前期的世界范围的'诸子百家'"。

第二十一，我认为，正是在同经济全球化相联系而不是相脱离的进程中，在同当代"诸子百家"相联系而不是相脱离的进程中，中国共产党郑重提出了到21世纪中叶实现"中华民族伟大复兴"和"中华文明伟大复兴"的庄严使命。

第二十二，我还认为，中华民族伟大复兴的根本基础和重要标志，在于中国人民生产力的伟大飞跃。围绕中国人民生产力，还有国防力、文化力、治理力的伟大飞跃。这"四大力"也即是中国人通常所说的"两大文明"——物质文明和精神文明，对于中国和平崛起的意义非同寻常。

第二十三，关于"网络"战略的重大意义。我认为当前两股时代潮流交相辉映，一股潮流是和平、发展、合作、共赢，另一股即是代表人类社会最新生产力，已经"化"入社会生活方方面面，并且深刻改变着全球经济格局、利益格局、安全格局的网络化、数字化、智能化。

第二十四，在对上述战略性问题致力观察研究的同时，我把问题集中落到中国人民"生产力诸因素中的决定因素——人的因素"。强调提出，我们面对的时代是"新的群众的时代"。而这个"新的群众的时代"的真正主人，是"80后、90后、00后"这样的"新的时代的群众"。这就要求，一定要把我们党的有名的"群众路线"，在新时代条件下发扬光大。

第二十五，中国的事情，关键在中国共产党。作为中国工人阶级先锋队、中国人民和中华民族先锋队且具有近百年历史的中国共产党，今天面对的最大考验是能否坚持发扬"赶考"精神，

“赶上时代”进而“引领时代”，永不停滞，永不腐败，永葆革命青春。

回溯党的十一届三中全会以来的历史，中国特色社会主义道路之所以能够在极端复杂的国际国内环境中形成、坚持并不断发展，说到底是根源于我们党在长期斗争中形成的“具有中国共产党人特色的立场、观点和方法”，即实事求是、群众路线和独立自主。

毛泽东在谈到中国人历尽艰辛寻求马克思主义革命真理的历史经验时，曾经用“我们这个党多灾多难”九个字来形容。且不说改革开放前经历过那么多曲折，就是改革开放以来经历的政治风波、金融危机，以及特大自然灾害等等挑战和考验，难道还少吗？好在总体而言，一是改革开放以来，党没有犯大的错误；二是党能够自己起来纠正失误；三是党能够与时俱进，在第三轮经济全球化的时代大潮中勇于“到中流击水”，在充满风险和斗争的新的“大变动”中不断获得“新觉醒”，从而开辟出一条举世无双的中国特色社会主义道路，即中国和平发展的战略道路。

以上二十五点，就是我多年一贯，观察、思考、研究中国问题和世界问题的一条主线。

今天尤其应当引为自豪的是，党的十九大以来，我们中国共产党坚持为中国人民谋幸福、为中华民族谋复兴、为人类谋和平与发展，在习近平新时代中国特色社会主义思想的伟大旗帜下，凝聚全体中华儿女的力量，同世界各国人民一道，推动构建人类命运共同体，携手建设更加美好的世界，开创新时代中国特色社会主义的新境界。

图书在版编目（CIP）数据

中流击水：经济全球化大潮与中国之命运 / 郑必坚著.
—北京：外文出版社，2018.5
（读懂中国）
ISBN 978-7-119-11486-6

Ⅰ. ①中… Ⅱ. ①郑… Ⅲ. ①发展战略—研究—中国
Ⅳ. ①D60

中国版本图书馆CIP数据核字（2018）第081386号

本丛书列入国家社会科学基金重大委托项目和
《“十三五”国家重点图书、音像、电子出版物出版规划》项目

出版策划：国家创新与发展战略研究会
出版指导：陆彩荣
出版统筹：胡开敏　于　瑛　曾惠杰

责任编辑：曾惠杰
装帧设计：柏拉图创意机构
印刷监制：冯　浩　秦　蒙

中流击水：经济全球化大潮与中国之命运

郑必坚　著

出 版 人：胡开敏
出版发行：外文出版社有限责任公司
地　　址：中国北京西城区百万庄大街24号　　邮政编码：100037
网　　址：http://www.flp.com.cn　　电子邮箱：flp@cipg.org.cn
电　　话：008610-68320579（总编室）　008610-68996177（编辑部）
　　　　　008610-68995852（发行部）　008610-68996183（投稿电话）
制　　版：北京杰瑞腾达科技发展有限公司
印　　刷：北京盛通印刷股份有限公司
经　　销：新华书店 / 外文书店
开　　本：700mm × 1000mm　1/16　　印　　张：13.25　　字　　数：160千字
装　　别：精装
版　　次：2022年1月第1版第3次印刷
书　　号：ISBN 978-7-119-11486-6
定　　价：80.00元